海上絲綢之路基本文獻叢書

柬埔寨以北探路記（四）

〔法〕晃西士加尼 撰

〔清〕佚名 譯

文物出版社

圖書在版編目（CIP）數據

東埔寨以北探路記．四 /（法）晃西士加尼撰 ；（清）佚名譯．-- 北京 ： 文物出版社，2023.3
（海上絲綢之路基本文獻叢書）
ISBN 978-7-5010-7945-2

Ⅰ．①東… Ⅱ．①晃… ②佚… Ⅲ．①游記－東南亞－清代 Ⅳ．①K933.09

中國國家版本館 CIP 數據核字（2023）第 026471 號

海上絲綢之路基本文獻叢書
東埔寨以北探路記（四）

撰　　者：〔法〕晃西士加尼
策　　劃：盛世博閱（北京）文化有限責任公司

封面設計：鞏榮彪
責任編輯：劉永海
責任印製：張　麗

出版發行：文物出版社
社　　址：北京市東城區東直門内北小街 2 號樓
郵　　編：100007
網　　址：http://www.wenwu.com
經　　銷：新華書店
印　　刷：河北賽文印刷有限公司
開　　本：787mm×1092mm　1/16
印　　張：15.75
版　　次：2023 年 3 月第 1 版
印　　次：2023 年 3 月第 1 次印刷
書　　號：ISBN 978-7-5010-7945-2
定　　價：98.00 圓

總緒

海上絲綢之路，一般意義上是指從秦漢至鴉片戰争前中國與世界進行政治、經濟、文化交流的海上通道，主要分爲經由黄海、東海的海路最終抵達日本列島及朝鮮半島的東海航綫和以徐聞、合浦、廣州、泉州爲起點通往東南亞及印度洋地區的南海航綫。

在中國古代文獻中，最早、最詳細記載『海上絲綢之路』航綫的是東漢班固的《漢書·地理志》，詳細記載了西漢黄門譯長率領應募者入海『齎黄金雜繒而往』之事，書中所出現的地理記載與東南亞地區相關，并與實際的地理狀況基本相符。

東漢後，中國進入魏晋南北朝長達三百多年的分裂割據時期，絲路上的交往也走向低谷。這一時期的絲路交往，以法顯的西行最爲著名。法顯作爲從陸路西行到印度，再由海路回國的第一人，根據親身經歷所寫的《佛國記》（又稱《法顯傳》）一書，詳細介紹了古代中亞和印度、巴基斯坦、斯里蘭卡等地的歷史及風土人情，是瞭解和研究海陸絲綢之路的珍貴歷史資料。

隨着隋唐的統一，中國經濟重心的南移，中國與西方交通以海路爲主，海上絲綢之路進入大發展時期。廣州成爲唐朝最大的海外貿易中心，朝廷設立市舶司，專門管理海外貿易。唐代著名的地理學家賈耽（七三〇～八〇五年）的《皇華四達記》記載了從廣州通往阿拉伯地區的海上交通『廣州通海夷道』，詳述了從廣州港出發，經越南、馬來半島、蘇門答臘島至印度、錫蘭，直至波斯灣沿岸各國的航綫及沿途地區的方位、名稱、島礁、山川、民俗等。譯經大師義净西行求法，將沿途見聞寫成著作《大唐西域求法高僧傳》，詳細記載了海上絲綢之路的發展變化，是我們瞭解絲綢之路不可多得的第一手資料。

宋代的造船技術和航海技術顯著提高，指南針廣泛應用於航海，中國商船的遠航能力大大提升。北宋徐兢的《宣和奉使高麗圖經》詳細記述了船舶製造、海洋地理和往來航綫，是研究宋代海外交通史、中朝友好關係史、中朝經濟文化交流史的重要文獻。南宋趙汝适《諸蕃志》記載，南海有五十三個國家和地區與南宋通商貿易，形成了通往日本、高麗、東南亞、印度、波斯、阿拉伯等地的『海上絲綢之路』。宋代爲了加强商貿往來，於北宋神宗元豐三年（一〇八〇年）頒布了中國歷史上第一部海洋貿易管理條例《廣州市舶條法》，并稱爲宋代貿易管理的制度範本。

元朝在經濟上採用重商主義政策，鼓勵海外貿易，中國與世界的聯繫與交往非常頻繁，其中馬可·波羅、伊本·白圖泰等旅行家來到中國，留下了大量的旅行記，記録元代海上絲綢之路的盛況。元代的汪大淵兩次出海，撰寫出《島夷志略》一書，記録了二百多個國名和地名，其中不少首次見於中國著録，涉及的地理範圍東至菲律賓群島，西至非洲。這些都反映了元朝時中西經濟文化交流的豐富内容。

明、清政府先後多次實施海禁政策，海上絲綢之路的貿易逐漸衰落。但是從明永樂三年至明宣德八年的二十八年裏，鄭和率船隊七下西洋，先後到達的國家多達三十多個，在進行經貿交流的同時，也極大地促進了中外文化的交流，這些都詳見於《西洋蕃國志》《星槎勝覽》《瀛涯勝覽》等典籍中。

關於海上絲綢之路的文獻記述，除上述官員、學者、求法或傳教高僧以及旅行者的著作外，自《漢書》之後，歷代正史大都列有《地理志》《四夷傳》《西域傳》《外國傳》《蠻夷傳》《屬國傳》等篇章，加上唐宋以來衆多的典制類文獻、地方史志文獻，集中反映了歷代王朝對於周邊部族、政權以及西方世界的認識，都是關於海上絲綢之路的原始史料性文獻。

海上絲綢之路概念的形成，經歷了一個演變的過程。十九世紀七十年代德國地理學家費迪南·馮·李希霍芬（Ferdinad Von Richthofen，一八三三～一九〇五），在其《中國：親身旅行和研究成果》第三卷中首次把輸出中國絲綢的東西陸路稱爲『絲綢之路』。有『歐洲漢學泰斗』之稱的法國漢學家沙畹（Édouard Chavannes，一八六五～一九一八），在其一九〇三年著作的《西突厥史料》中提出『絲路有海陸兩道』，蘊涵了海上絲綢之路最初提法。迄今發現最早正式提出『海上絲綢之路』一詞的是日本考古學家三杉隆敏，他在一九六七年出版《中國瓷器之旅：探索海上的絲綢之路》中首次使用『海上絲綢之路』一詞；一九七九年三杉隆敏又出版了《海上絲綢之路》一書，其立意和出發點局限在東西方之間的陶瓷貿易與交流史。

二十世紀八十年代以來，在海外交通史研究中，『海上絲綢之路』一詞逐漸成爲中外學術界廣泛接受的概念。根據姚楠等人研究，饒宗頤先生是中國學者中最早提出『海上絲綢之路』的人，他的《海道之絲路與昆侖舶》正式提出『海上絲路』的稱謂。選堂先生評價海上絲綢之路是外交、貿易和文化交流作用的通道。此後，學者馮蔚然在一九七八年編寫的《航運史話》中，也使用了『海上絲綢之路』一詞，此書更多地限於航海活動領域的考察。一九八〇年北京大學陳炎教授提出『海上絲綢之路』研究，并於一九八一年發表《略論海上絲綢之路》一文。他對海上絲綢之路的理解超越以往，且帶有濃厚的愛國主義思想。陳炎教授之後，從事研究海上絲綢之路的學者越來越多，尤其沿海港口城市向聯合國申請海上絲綢之路非物質文化遺産活動，將海上絲綢之路研究推向新高潮。另外，國家把建設『絲綢之路經濟帶』和『二十一世紀海上絲綢之路』作爲對外發展方針，將這一學術課題提升爲國家願景的高度，使海上絲綢之路形成超越學術進入政經層面的熱潮。

與海上絲綢之路學的萬千氣象相對應，海上絲綢之路文獻的整理工作仍顯滯後，遠遠跟不上突飛猛進的研究進展。二〇一八年厦門大學、中山大學等單位聯合發起『海上絲綢之路文獻集成』專案，尚在醞釀當中。我們不揣淺陋，深入調查，廣泛搜集，將有關海上絲綢之路的原始史料文獻和研究文獻，分爲風俗物産、雜史筆記、海防海事、典章檔案等六個類別，彙編成《海上絲綢之路歷史文化叢書》，於二〇二〇年影印出版。此輯面市以來，深受各大圖書館及相關研究者好評。爲讓更多的讀者親近古籍文獻，我們遴選出前編中的菁華，彙編成《海上絲綢之路基本文獻叢書》，以單行本影印出版，以饗讀者，以期爲讀者展現出一幅幅中外經濟文化交流的精美畫卷，爲海上絲綢之路的研究提供歷史借鑒，爲『二十一世紀海上絲綢之路』倡議構想的實踐做好歷史的詮釋和注脚，從而達到『以史爲鑒』『古爲今用』的目的。

凡例

一、本編注重史料的珍稀性，從《海上絲綢之路歷史文化叢書》中遴選出菁華，擬出版數百册單行本。

二、本編所選之文獻，其編纂的年代下限至一九四九年。

三、本編排序無嚴格定式，所選之文獻篇幅以二百餘頁爲宜，以便讀者閱讀使用。

四、本編所選文獻，每種前皆注明版本、著者。

五、本編文獻皆爲影印，原始文本掃描之後經過修復處理，仍存原式，少數文獻由於原始底本欠佳，略有模糊之處，不影響閱讀使用。

六、本編原始底本非一時一地之出版物，原書裝幀、開本多有不同，本書彙編之後，統一爲十六開右翻本。

目録

東埔寨以北探路記（四）

柬埔寨以北探路記（四）

卷十至卷十一

〔法〕晃西士加尼 撰 〔清〕佚名 譯

清光緒十年鉛印本

東埔沿以北探路記卷十

目錄

考驗氣候日記表

探路人員初起程時、所用儀器未全、不足以資考驗、其帥剛所備者、祇有分度不全之盤底風雨針一架、與水銀寒暑針數架而已、倘有游歷考驗所需之儀器、已請於法國而未能應給、迨游東埔新都之後、接到機器風雨表一架、其分度尚全、後此考驗多用之、自旋法時、以水銀風雨針核較之、知向所考記者未謬、今於游歷日記內、彙月編表、以便按考各地之氣候、表中所載寒暑氣候、均用百度之寒暑表及法尺釐數之風雨表、以下諸表自、一千八百六十六年七月初六日、至六十八年六月初九日止、同治五年丙寅、至同治七年戊辰、歷二十有三月、於緯綫十九度之間、分南南掌北南掌雲南平原藍江岸、爲四氣候、

按、編表悉仿西法、惟易横爲直、考驗横書於額、日子順書於旁、閱時横稽考驗、順察日子、如第一表中十三日、在克拉抵、上午八點鐘、寒暑表二十七度、風雨表高法尺七百五十二釐、十二點鐘時、寒暑表三十度、晚五點鐘時、寒暑表三十度、

又如十八日在桑袍爾道中、晨二點鐘、寒暑表二十三度、

上午八點鐘、寒暑表二十四度、十二點鐘、寒暑表二十五度半、下午三點鐘、寒暑表二十六度、晚五點鐘、寒暑表二十五度、及至風向、風力、天氣、評驗各項、皆隨格而下、空格者、皆因有故而欲表中度數、祇書數目、以期簡晰、

西歷一千八百六十六年七月 同治五年

日	地方	寒暑表並風雨表數 晨二點	上午八點	午十二點	下午三點	晚五點
初六	奔山 東埔 新都					
初七 初八	道中克拉抵		此次在第二	十七號戰船	寄測是日儀	器尚未開裝
初十 十二						
十三	同		二七度 七五二釐	三〇	三一	三〇
十四	道中桑袍爾		二四	二七	二九	三〇
十五			二四	二六	三〇	二八
十六	道中		二六	三〇五	三三	三〇
十七	同		二五	二七	三〇	二八
十八	同	二三	二四	二五五	二六	二五
十九	同		二四	二八	二八五	二六
二十	同		二六	二九	二九	二八

風向	風質	天氣	評驗
西南	小涼風	朗甚雲輕	雨期已過自六月初二起江河漸漲至六月初十止流入吳塘大湖
同	天變時生和風	大雨雹將雨時爽甚	
同	小涼風	微朗狂雨數點	
同	和風	雲	
同	天變時風不定	陰至上午十一點下午雲	自十點鐘離克拉抵風雨表於行動之際想必無憑缺而不記
同	小涼風	輕雲	
同	同	朗甚下午陰	至此離桑袍爾東北二度三十五分
同	風不定	陰雨至午後開朗	
西西南	風和而不定	風大雨傾注至上午三點後陰而盡日	
南西南	好風	陰雨	
西西南	小涼風	天氣向晴日中小變數次	

西歷一千八百六十六年七月

日	地方	寒暑表並風雨表數 上午八點	上午九點	十二點	下午三點	晚五點
二十一	桑袍爾道斯登春中	二六度		二九	三〇	二八
二十二	同	二四 七五〇釐		二八八 七五〇	三〇 七四一	二八 七五一
二十三	同	二五 七五〇		二八 七五〇	二九 七五一	二八 七五〇
二十四	同			二八 七五三	二七 七五三	二四五 七五〇
二十五	同		二五五 七五〇五	二七 七五一	二五 七五〇	二四 七五〇
二十六	同		二五 七五〇	二五五 七五〇	二七 七四九	二七 七四九
二十七	同		二五 七四九	二九 七四九	三〇 七四九	二九五 七四九
二十八	同		二六 七四八五	二八五 七四九	二六 七四九	二五 七四九五
二十九	同		二六 七四八五	二八五 七四九	二六 七四九	二五 七四九五
三十	同		二六 七四八	二八 七四八	二九 七四九	二四 七四八
三十一	同		二五 七四八	二九 七四九	二九五 七四九	二七 七四八

風向	風質	天氣	評驗
西	小涼風	陰午後朗	是日下午十二點鐘至斯登吞
西南	風和而不定	夜十二點風雨至四點開朗	
南西南	小涼風不定	微朗雲挾疎雨	阿拓普江當此二日漲高二尺法尺以下同
同	同	雨	
同	同	雨午間稍歇少時	又漲
同	同	雨下午稍開	晚退三寸
同	同	陰旋霽	湖退
同	同	午間小雨晚暑晴	江水復漲四寸
同	同	雨	江水又漲
南	和風	雨晚間稍霽	江漲至此似乎極矣
西西南	不定風	狂雨數點夜半復雨	

西歷一千八百六十六年八月

日	地方	寒暑表並風雨表數 上午九點		十二點		下午三點		晚五點	
初一	斯登春	二五度	七四八釐		七四八		七四九	二七五	七四八
初二	同		七五〇	二九五	七五〇	三〇	七〇五	二八五	七五〇
初三	同		七五〇	二九五	七五〇	三〇	七五〇	二七五	七五〇
初四	同	二五度	七四八釐	二八	七五一	三〇	七五〇	二七五	七五〇
初五	同	二七	七五一	二七	七五二	二八	七五一	二六	七五一
初六	同	二七	七五〇	二八	七五〇	二八	七五〇	二七	七五〇
初七	同	二五	七四九	三〇	七四九	三四	七四九	三三	七四九
初八	同	二五	七四九	二七	七五〇	二七	七五〇	二五	七五〇
初九	同	二六	七四八	二七五	七四八	二五	七四七	二五	七四七
初十	同	二五	七四七	二四	七四七	二五	七四七	二五	七四七
十一	同	二六	七四七	二六	七四七	二八	七四七	二七	七四七

風向	風力	天氣	評驗
西南	小涼風	陰雨	河水不漲亦不退
南	同	午後開霽	
東南	和風	稍霽下午小變	
同	小涼風	晴雲	河水退三寸
西	好風	天變下午三點大雨	
同	小涼風	午候開霽晚復陰雨	自八月初六至念六止係特拉巴爾脫測驗
同	和風	午後始見太陽晚間風雨	
西西南	同	雨日中開霽數次	
西	小涼風	同	河水漲一尺八寸
西南晚轉	同	大雨傾注晚漸止又大變	河水又漲四寸
無定向	不定	陰狂雨數點	同

西歷一千八百六十六年八月

日	地方	寒暑表並風雨表數 上午九點		十二點		下午三點		晚五點	
十二	斯登吞	二五度	七四八釐	二七	七四八	二七	七四七	二六五	七四七
十三	同	二四	七四八	二六五	七四八	二七	七四八	二七五	七四八
十四	道中	二五	七四九	二九五		二七五		二七	
十五	同	二五	七四九	二八		三〇		三一	
十六	同	二四		三〇		三〇五		三一五	
十七	同	二七五		三〇五		三一五		三〇	
十八	康島	二七五	七四八	三〇	七四八	三〇	七四八	二八五	七四七
十九	同	二五	七四六	二七	七四六	二九五	七四五	三〇	七四五
二十	同	二四五	七四七	二六	七四六	二九	七四五	二五	七四四
二十一	同	二五	七四五	二六五	七四五	二九	七四四	二七五	七四四
二十二	同	二五五	七四五	二七	七四四	二八	七四四	二六	七四四

風向	風力	天氣	評驗
無定向	不定	晨霽少時雨盡日	河水退四寸法尺
西	最無定	早晨雨止晚又雨	上午十點離斯登吞
同	同	晨晴午後驟變	
靜		晴朗	
西	微風	同	
西西南	輕風	朗甚晚間小變	是晚四點鐘抵康島
西	不定	朗至下午二點小變	
同	同	陰雨時下時止	江流退
同	小涼風	晨霧天變下午忽陰忽開	
同	同	稍霽下午驟雨數次	
同	和風	天驟雨晚間大雨傾注	

西歷一千八百六十六年八月

日	地方	寒暑表並風雨表數							
		上午九點		十二點		下午三點		晚五點	
二十三	康島	二五五	七四五	二七	七四五	二九	七四五	三十	七四五
二十四	同	二五	七四五	二七	七四五	二七	七四五	二四	七四四
二十五	道中	二五五	七四五	二九	七四五	二五		二六	
二十六	同	二七		三〇		二八		二九	七四七
二十七	康格	二八五	七四八	三〇五	七四八	三〇五	七四八	二九五	七四八
二十八	同	二七五	七四六	二九五	七四五	三〇	七四五	二八	七四五
二十九	同	二七	七四五	二六五	七四五	二七五	七四五	二八	七四五
三十	同	二六	七四五	二七五	七四六	二八五	七四五	二八五	七四五
三十一	同	二五	七四五	二七	七四五	二八	七四五	二七	七四五

風向	風力	天氣	評驗
西	小涼風	清朗早晨大霧	江流始漲
同	微風	天變雨	
東	最無定	上午霽午後天從東二變雨纔至	
靜		頗晴夜半小雨	是晚四點鐘抵廣格
西	小涼風	晴甚雲輕	江流微漲
同	不定	天變數次晚天際大雨	
西北	同	陰	
西	最無定向	陰霧細雨不停	
東東北	小涼風		

西歷一千八百六十六年九月

日	地方	寒暑表並風雨表數 上午九點 寒暑表	上午九點 風雨表	十二點 寒暑表	十二點 風雨表	下午三點 寒暑表	下午三點 風雨表	晚五點 寒暑表	晚五點 風雨表
初一	康格	二六度	七四五釐	二七	七四五	二八五	七四五	二七	七四五
初二	同	二五	七四五	二七五	七四五	二六	七四五	二七	七四五
初三	同	二五	七四六	二七	七四六	二七五	七四六	二七	七四六
初四	同	二七	七四七	二九五	七四七	三〇五	七四七	二八五	七四六
初五	同	二七	七四七	二八	七四七	二五五	七四七	二四五	七四七
初六	道中	二六	七四九	二八五	七四九	二九	七四八	二七	七四八
初七	同	二七	七四九	二六	七四九	二四	七四八	二七	七四九
初八	同	二六	七四六	二六五	七四五	二九	七四五	二八	七四五
初九	同	二四五	七四六	二六五	七四六	二五	七四六	二五五	七四六
初十	同	二六	七四五	二六	七四五	二七	七四五	二七	七四四
十一	排沙格	二六	七四四	二七	七四四	二六	七四四	二七	七四四

風向	風力	天氣	評驗
東東北	小涼風	陰霧下午四點雨	是處距康格東北二度三十八分
東	和風	同雨較多	
東南	同	雨較大	江水漲流且急
西晚轉東南	不定	晨稍霽晚雨復至	
東南	小涼風	陰雨自晨三點至晚七點	
東北晚轉西又西南	同	稍霽日中變數次	十二點鐘去康格三點復泊
西	同	陰向午小雨	
同	同	陰雨下午晴	
同	最不定	天大變晚大雨傾注	
東	同	天從東向起大變午後二點一開	
靜晚生東西	小涼風	陰小雨時至晚間天變自東南	九點半抵排沙格

西歷一千八百六十六年九月

寒暑表並風雨表數

日	地方	上午九點	十二點	下午三點	晚五點	
十二	排沙格	二六度 七四三釐	二七 七四三	二八 七四三	二七 七四二	
十三	同	二五 七四四	二七 七四四	二五 七四四	二六 七四四	
十四	同	二五 七四四	二七 七四四	二五 七四四	二六 七四四	
十五	同	二五 七四四	二五五 七四四	二五 七四三	二五五 七四三	
十六	同	二四五 七四五	二四五 七四五	二五五 七四三	二五五 七四三	
十七	同	二四 七四六	二四五 七四五	二五五 七四五	二六 七四三	
十八	同	二四 七四五	二六 七四五	二六 七四五	二七 七四五五	
十九	同	二四 七四六五	二七五 七四六	二六 七四六	二六 七四六	
二十	同	二五 七四七	二七 七四六	二八 七四六	二七 七四五	
二十一	同	二六 七四五	二七 七四五	二八 七四五	二八 七四五	
二十二	同	二六五 七四五	二七五 七四五	二八五 七四五	二八 七四五	

風向	風力	天氣	評驗
晨南西南晚轉南東南	和風夜冷	陰下午雨夜半大風	
南東南	不定	雨連緜不息	
東南	和風	同	
南東南	小涼風	同	
南東南晚轉西	好風向晚甚	上午十點雨止二點日出晚十點復雨	是處距排沙格東北二度三十八分
東南	小涼風	雨十點止陰	
東往東北	小涼風迴從山壁	陰雨晨五點止天陰晚八點復雨	江水漲滿
南東南	同	雨連緜不息夜半稍清	
東南	小涼風	稍霽東南際大風雨	
東北轉北	同	晨雨有小涼風自北至天明從東向開	江水驟退
東北	同	晴雲午後一點鐘時小變	

西歷一千八百六十六年九月

日	地方	寒暑表並風雨表數 上午九點		十二點		下午三點		下午五點	
二十三	排沙格	二六度	七四四五釐	二八	七四四五	二七	七四四五	二六	七四四五
二十四	同	二五	七四四五	二七	七四五	二八	七四五	二七	七四五
二十五	同	二六	七四五	二八	七四五	二七	七四四	二六	七四四
二十六	同	二六	七四五	二七	七四四五	二七五	七四四五	二六	七四四
二十七	同	二五五	七四四	二八	七四四	二七	七四四	二七五	七四四
二十八	同	二六五	七四四	二八五	七四三五	三〇	七四三五	二九	七四三五
二十九	同	二六五	七四四	二八	七四四	三〇	七四四	二八	七四四
三十	同	二七	七四五	二九	七四五	三〇	七四四	三〇	七四三

風向	風力	天氣	評驗
東北晚東南	小涼風	陰天大變小雨	
東東北晚轉東南	同	早晨雲密夜半陰雨	
晨東北晚東南	同	早晨靄下午陰夜間雨	
同	同	同	
東北	和風	晴雲二點時天大變不雨	
北東北	同	晴甚天際清朗夜陰雨	
同	微風	同	
東北	同	晴甚晚東向雲二點雨	

西歷一千八百六十六年十月

日	地方	寒暑表並風雨表數 上午九點		十二點		下午三點		晚五點	
初一	排沙格	二五五度	七四叁叁	二七	七四四	二八	七四四	二八	七四四
初二	同	二五五	七四六	二七五	七四六	二九	七四五	二九	七四四五
初三	同	二六	七四七	二八	七四七	二九	七四七五	二七五	七四六
初四	同	二七	七四八	三〇	七四七	三〇	七四七	二九	七四六
初五	同	二六	七四八五	二六	七四八	二九	七四八	二八	七四七
初六	同	二七	七四八	二八	七四八	二八	七四七五	二七	七四七
初七	同	二七	七四七	二八五	七四七	二九	七四七	二六	七四六
初八	同	二六	七四七五	二七五	七四七五	二八	七四七	二六	七四七
初九	同	二七	七四七五	二八	七四七五	二七	七四七	二六	七四七
初十	同	二五	七四五	二八	七四五	二七	七四四	二六	七四四
十一	同	二七	七四六	二九	七四六	二九五	七四七	二九八	七四七

風向	風力	天氣	評驗
東北尙有未定	不定	陰雨午後晴雲	
早東北晚東南	和風	上午雨下午晴	
東北	和風夜靜	天變上午雨	
東晚向北東北	和風不定	上午陰午後晴天際風雨	
南東東	同	上午稍晴下午陰雨達旦	三點時變暑表二十九度與在康思海島中驗須唐瀑時同
東南又轉北	同	同	
東東北全轉東北	同	天氣同晚六點東北風雨	
東尙有未定	和風	晴晚雨自東向	
東晚過東北	小涼風	陰上午霧下午小雨	
東北轉北	和風	晴雲下午三點陰東北天際變	
東	同	晴雲晚天際大雨十點風雨自東至	

西歷一千八百六十六年十月

日	地方	寒暑表並風雨表數 上午九點 寒暑表	上午九點 風雨表	十二點 寒暑表	十二點 風雨表	下午三點 寒暑表	下午三點 風雨表	晚五點 寒暑表	晚五點 風雨表
十二	排沙格	二七度	七四七五釐	二九	七四六五	二七	七四六	二七五	七四五五
十三	同	二七	七四七五	二八	七四八	二七	七四五	二七	七四五
十四	同	二六五	七四七	二八	七四六	二八五	七四六	二八	七四五
十五	同	二七	七四七	二九	七四六五	二九五	七四五	二四五	七四五
十六	同	二五	七四八	二八	七四七	三〇二	七四七	三〇二	七四六
十七	同	二六	七四八	二八五	七四七	二九	七四七	二八	七四七
十八	同	二六五	七四七	二九	七四七	二七五	七四七	二六	七四六
十九	同	二五	七四六	二七	七四五	二八	七四四	二六	七四四
二十	同	二四五	七四五	二八	七四五	二八	七四四	二六	七四四
二十一	同	一九	七四五	二四	七四五	二七	七四四	二六	七四四
二十二	同	二三	七四四	二五	七四四	二六五	七四三	二六	七四三

風向	風力	天氣	評驗
東北	小涼風	晴下午二點變	
東北晚轉南	和風	二點時大風雨自東至風轉南陰雨	
東轉東北	小涼風	晴甚微雲	自九月二十起江水退五尺八寸
同	不定	晴四點大風起自東北	
東北	小涼風	晴甚雲輕	
北東北	和風	晴雲晚間大變	
北	好風迴自山壁	晴晚間小雨	
北西北	微風	陰	
東東北夜轉北		晴雲	
同		晴早晚寒甚	
東北	微風	晚微陰	

西歷一千八百六十六年十月

日	地方	寒暑表並風雨表數 上午九點		十二點		下午三點		晚五點	
二十三	排沙格	二五度	七四六釐	二五	七四六	二六五	七四五	二六	七四四
二十四	同	二三	七四六	二六	七四六	二七	七四五	二六五	七四五
二十五	同	二三五	七四七	二七	七四八	二八	七四七	二七五	七四六
二十六	同	二五	七四八	二七	七四七五	二八五	七四七	二八	七四六
二十七	同	二四	七四七	二七	七四七	二九	七四六	二八	七四六
二十八	同	二五	七四六	二七	七四五	二七五	七四四五	二七	七四三五
二十九	同	二五	七四七	二七五	七四六五	二八	七四四五	二七五	七四四五
三十	同	二六五	七四七	二七五	七四七	二九	七四七	二八	七四七
三十一	同	二七	七四七	三〇	七四七	三〇	七四六五	二八	七四五

風向	風力	天氣	評驗
靜		晴甚天際微有蒸氣	
同		同	
南	微風	同	
西南	同	同	
東晚轉南	小涼風	晚陰疏雨	
北西北	和風迴自山壁	陰四點時小雨	
東東南	和風	雲	
東	小涼風	晨二點至四點大雨是日晴	
同	微風	晨四點風是日晴甚	

西歷一千八百六十六年十一月

日	地方	寒暑表並風雨表數 上午九點		十二點		下午三點		晚五點	
初一	排沙格	二六五度	七四八盤	二八五	七四七	二八五	七四六	二八	七四五
初二	同	二七	七四八	二八五	七四七	二八五	七四六	二七五	七四五
初三	同	二七	七四七五	二八	七四七五	二八	七四七	二六五	七四七
初四	同	二七	七四七五	二七五	七四七五	二七五	七四七五	二六	七四七
初五	同	二六	七四七五	二七	七四七	二七五	七四六五	二七五	七四六
初六	同	二六	七四七五	二七五	七四七	二八	七四七	二七五	七四七
初七	同	二六	七四七五	二七	七四七五	二八五	七四六五	二九	七四七五
初八	同	二五五	七四七五	二七五	七四七	二八	七四七	二九	七四七
初九	同	二五	七四七	二八五	七四七	二八五	七四七	二六	七四七
初十	同	二五	七四八五	二七五	七四八五	二六	七四八五	二六	七四八五
十一	同	二三	七四八五	二五	七四八五	二六五	七四八五	二六	七四八五

風向	風力	天氣	評驗
東東北	小涼風	早晨雨是日晴	自初一至二十三係特拉巴爾脫在排沙格所記
東	同	晴甚雲輕	
北	和風迴自山壁	陰北風所致	
北西北又西北	同	陰稍朗	
北北西北	小涼風夜冷	晴甚	同日十二點驗於康格應二十九度
西北	和風	同	同日十二點驗於康格應二十八度下午三點半應二十九度半
同	小涼風下午四點發冷	同	
同	小涼風不定	下午陰疏雨	斯登吞下午三點半應三十一度
上午靜午後生西北	和風不定	下午四點天變自東北入夜霽	斯登吞十二點應二十九度半三點半應三十一度
西北	夜有冷氣	半陰旋霽	斯登吞十二點應二十七度半四點應二十八度
下午西北	和風	上午風靜雨霽下午陰	

西歷一千八百六十六年十一月

日	地方	寒暑表並風雨表數									
				上午九點		十二點		下午三點		晚五點	
十二	排沙格	一七度	七四八五	二三	七四八五	二五	七四八五	二五五	七四八	二六	七四八
十三	同	一七	七四九五	二一五	七四九五	二五	七四九五	二六	七四九五	二五五	七四九五
十四	同	一六	七四九五	二一五	七四九五	二五	七四九五	二六	七四九五	二五五	七四九五
十五	同	一六	七四九五	二三	七四九五	二五	七四九五	二七五	七四九五	二六五	七四九五
十六	同	晨六點 六	七四九五	二〇五	七四九五	二六	七五〇	二八	七五〇	二六	七四九五
十七	同	一六	七四九五	二五	七五〇	二七五	七五〇	二一五	七五〇	二八	七五〇
十八	同	一七		二一	七四九五	二四	七四九五	二七	七四九五	二五	七四九五
十九	同	晨五點 一六	七四九五	二〇五	七四九五	二四五	七四九五	二六五	七四九五	二六五	七四九五
二十	同	一六	七四九五	二一	七四九五	二四	七四九五	二五五	七四九五	二六	七四九五
二十一	同			三	七四九五	二五	七四九五	二六	七四九五	二五五	七四九五
二十二	同			三	七四九五	二六	七四九	二六	七四八	二五五	七四九五

風向	風力	天氣	評驗
西北	好風	晴甚夜間風靜	夜間寒甚
同	同	同	
同	同	同	同日拉克來驗沙哈坊即薩拉凡晨六點天氣應十二度
同	同	同	
同	同	同	
同	同	同	
北西北	小涼風	午後輕雲蔽天	
同	同	晴甚天清入夜風靜	
西北	輕風	同	
北西北	同	小午陰	
同	同	下午陰入夜風靜天霽	

西歷一千八百六十六年十一月

日	地方	寒暑表並風雨表數 晨六點	上午九點	十二點	下午三點	晚五點
二十三	排沙格		三三五 七四八六五	二六五 七四八六五	二七五 七四八	二八 七四九五
二十四	同		三三 七四七	二六五 七四七	二七五 七四六	二六八 七四六
二十五	同	一八 七四七	三三 七四八	二五 七四八	二五五 七四七	
二十六	同		三三 七四六五	二五 七四六	二六五 七四六	二四五 七四六
二十七	同		三三 七四六	二六 七四五	二六五 七四五	二五 七四四
二十八	同		三三 七四八	二五三 七四七五	二五五 七四七	二四 七四六
二十九	同		三三 七四九	二五 七四八	二七 七四七	二五五 七四七
三十	同		三三 七四八	二六 七四七	二八 七四六五	二六 七四六

風向	風力	天氣	評驗
西北	輕風	晴甚夜間風靜天陰	
西西北	同	早晨晴雲晚東南陰疏雨	
靜	/	晴甚	
西北	小涼風日中冷甚風利	晨霽午後陰	
同	好風迴自山壁	陰晨九點小雨即霽	
同	和風夜間更緩	頗晴雲夜一點小雨	
同	晚間和風	晴甚午後陰	
北	和風	晴甚雲輕	

西歷一千八百六十六年十一月

日	地方	寒暑表並風雨表數									
				上午九點		十二點		下午三點		晚五點	
初一	排沙格			二三五	七四九	二五	七四	二六	七四九	二五	七四八五
初二	同			二三五	七四九	二五	七四九	二七	七四九	二六八	七四九
初三	同	晨七點半 二三度	七四八五五	二三五	七四九	二七	七四八五	二八五	七四六	二七	七四六
初四	同	二二	七四八	二三	七四八五	二九	七四九	二六	七四八五	二五	七四八五
初五	同			二〇	七四八五	二四	七四八五	二五	七四八五	二五	七四八五
初六	同			二〇	七四九	二四	七四八五	二四五	七四八五	二五	七四八五
初七	同	晨六點 一五二	七四八	一九五	七四八	二四	七四八	二六五	七四八	二六八	七四八
初八	同			二三	七四八五	二四	七四八五	二五	七四八五	二四五	七四八五
初九	同	上午八點 二〇五	七四八五	二二五	七四八五	二四二	七四九	二六五	七四八五	二五二	七四八五
初十	同	晨七點半 二〇	七五〇	二一	七五〇	二四八	七四九五	二六	七四九	二六四	七四九
十一	同	二〇五	七四九五	二二五	七五〇五	二三五	七四九五	二七一	七四九五	二六	七四九五

風向	風力	天氣	評驗
東北	小涼風	晴雲	江水自九月二十日起退八尺八寸
東東北	晚間小涼風	晴甚輕雲	
東北下午西北	上午靜下午和風	晴甚早晨天清晚陰六點時有疎雨	
北東北	小涼風	晴甚天無片雲	
北	同	晴甚輕雲	
北東北	同	同	
東北	輕風	同	
北東北	和風	下午陰疎雨	
東南轉西南	小涼風	陰清和	
東晚轉西北	同	晴甚輕雲	
北東北	日中和風	晴甚	

西歷一千八百六十六年十二月

日	地方	寒暑表並風雨表數									
		晨六點		上午九點		十二點		下午三點		晚五點	
十二	排沙格	一五度	七五〇釐	一九五	七五〇五	二三五	七四九五	二五	七四九	二四	七四九
十三	同	一四	七四九五	一九	七四九五	二三	七四九五	二三	七四八	二三	七四八
十四	同			一九五	七四九	二三八	七四八	二四	七四八	二四	七四八
十五	同			一九	七四九五	二四五	七四九	二六五	七四九	二五五	七四九
十六	同			一九	七五一五	二三	七五〇五	二五	七五〇	二五、	七五〇
十七	同			二二	七五二	二四五	七五一五	二五	七五〇	二四	七五〇
十八	同			一八五	七五三	二三五	七五二	二三五	七五一	二三五	七五〇
十九	同	上午六點 一二四	七五三	一八五	七五二	二二五	七五一	二三	七五〇	二四五	七五〇
二十	同	上午八點 一七五	七五二	一八五	七五二	二一	七五二	二三	七五〇	二四	七五〇
二十一	同			一八五	七五二	二二	七五二	二三五	七五〇	二二五	七四九
二十二	同			一八五	七五二	二二	七五〇	二四五	七四九	二四八	七四九

風向	風力	天氣	評驗
北東北	日中和風	晚陰	
靜		陰上下薄霧	
北東北	輕風	同	
東北	小涼風	晴甚雲輕	
同	同	同	
西北	好風	晴雲	
同	同	同	
東	小涼風	晴甚雲輕	
北	同	晴甚	
同	輕風	晴甚天際薄霧	
同	同	同	

西歷一千八百六十六年十二月

日	地方	寒暑表並風雨表數				
二十三	排沙格		上午九點 二二 七五一	十二點 二四五 七五〇	下午三點 二五 七四九五	晚五點 二五二 七四九五
二十四	同	上午八點 二二度 七五一釐	上午十點 二三 七五一	二六 七四九五	二七 七四九	二七 七四九五
二十五	道中	二〇 七五一		二五	二四五	
二十六	同	上午八點 一七	上午九點 二〇	二四 七五〇	二五	
二十七	胡沙羅	上午五點三刻 一三 七四九五	上午七點半 一九五 七二七六	上午九點 二〇五 七五二	下午二點 二四 七四九	
二十八	道中	上午六點 一七	上午十點 二〇 七五一	十二點 二四 七五〇五	下午二點 二四	[illegible]午四點 二三
二十九	烘雖	二三 七四八五	上午九點 二三 七五一五	二三 七四八五		下午五點 二三 七四七
三十	道中	二二 七四八		二五五	下午三點 二三 七四七五	二二五 七四八
三十一	同	一五		二八	下午二點 二五	

風向	風力	天氣	評驗
北東北轉東北	小涼風	晴甚雲	
西北	同	晴甚	
同	同	晴甚雲輕	午後一點鐘離排沙格
北西北	小涼風夜冷	晴甚雲	三點至瓦雖
北	輕風	晴甚晨有薄霧	是日晨七點半在沙羅山頂放驗餘目均在江岸
東東北	小涼風	晴陰	
靜		晴甚雲輕	八點三刻抵朋烘雖
西西北	小涼風	同	晨七點鐘離朋烘雖下午四點半抵拔克滿
靜		晴甚天清	

西歷一千八百六十七年正月 同治六年

日	地方	寒暑表並風雨表數 上午六點		十一點		十二點		上午三點		晚五點鐘	
初一	向烏棒道中	一八		二四五	七五二	二七五	七五〇	二八	七五一		
初二	同	一七	七五一八	上午九點 二四	七五二	二六八	七五一	二七	七五〇		
初三	畢滿	一六	七五〇五	二二五	七五二	一點 二七五		二四五	七五〇		
初四	同	一六三				十二點 二六		二四五		三	
初五	道中	一七	七五三	上午十點 二三	七五三	二六	七五	二點 二七		二三	七五一
初六	同	晨五點三刻 二三	七四九	上午九點 一九	七五二			三點 二八	七五〇	二七	七五〇
初七	烏棒	上午六點 一七				二五	七五〇	二四	七四九五	二三	七五〇
初八	同	一四五	七四九	一六	七五〇	二三	七四九			二四	七四九
初九	同	一五五	七四九	上午八點 一四五	七四八	二四	七四九	上午十點 二〇五	七五〇	二五五	七四七
初十	同	一三五		上午十點 二〇	七五〇	二四	七四八五	下午四點 二六三	七五〇五		
十一	同	一三五	七四九五	二三	七五〇五	二四	七五〇	二六	七四八五		

風向	風力	天氣	評驗
靜		晴甚日上時有薄霧	
西北	小涼風	同	
北西北	和風	晴甚雲	一點時抵畢滿
同	小涼風夜間迴風生寒	同	
同	和風	同	上午十一點半離畢滿
靜		同	
東北	和風	同	晨七點抵鳥棒
同	同	晴甚天無片雲	
上午靜午後有和風東北來		同	
上午靜午後有小涼風自北至		同	初十至十四係特拉巴爾脫測驗十四後係拉克來測驗
同	同	同	

西歷一千八百六十七年正月

日	地方	寒暑表並風雨表數 上午七點		上午十點		十二點		下午四點		晚五點	
十二	烏棒	一三五度	七四九之叁釐	二一	七四九	二五	七四八	二九五	七四七		
十三	同	上午六點 一五五	七四八	二一	七四九	二七	七四八				
十四	同	一五	七四八	二三	七四八五	二六	七四三五	三〇五	七四八五		
十五	同							下午三點 三三	七四六	二五	七四六
十六	同	一六五	七四五五	一六五	七四五	二八	七四五	三一	七四五五	二四	七四五五
十七	同	一六五	七四七	二一	七四八	二八	七四八	三〇五	七四七	二六	七四七
十八	同	一三	七四八	一九	七五〇	二一	七五〇	二六	七四九	二五	七四九
十九	同	一四	七四八	一九	七四九	二〇	七四九				
二十	道中										
二十一	同										
二十二	同										

風向	風力	天氣	評驗
午有谷風自南來餘靜		晴甚天無片雲	
靜		同	
同	和風	同	
同	同	太陽上落時均有薄霧	
晚至夜間北東北	和風	晴甚天清	
北東北	好風迴自山壁	同	
靜		同	
同	同	同	自下午二點離烏棒由陸行至安那所有測驗之寒暑表風雨表各器均藏車中不能取用
同	同	同	
同	同	同	
同	同	同	

西歷一千八百六十七年正月

日	地方	寒暑表並風雨表數				
		上午六點	上午十點	十二點	下午三點	晚五點
二十三	烏棒道中					
二十四	安那	一三度 七四六釐	二八分五 七四六	三〇 七四六	二八 七四六	
二十五	同	一七 七四六	二四 七四六	二八 七四六	二九 七四六	
二十六	同	一六 七四八	二四 七四七	二八 七四七	二九 七四八	
二十七	道中					
二十八	同					
二十九	同					
三十	同					
三十一	格馬拉		二七 七四八	二九 七四七	三〇 七四七	二九 七四七

風向	風力	天氣	評驗
靜	好風迴自山壁	晴甚天清	
同	同	同	
北東北	和風迴自山壁	晴甚雲	
同	同	同	
同	好風	晴旋陰	上午七點半離安那赴格馬拉
同	小涼風	晴雲	
同	同	晴天淨	
同	小輕風	同	晚四點抵格馬拉
北	夜間小涼風	同	

西歷一千八百六十七年二月

日	地方	寒暑表並風雨表數 上午六點 寒暑表	上午六點 風雨表	上午十點 寒暑表	上午十點 風雨表	十二點 寒暑表	十二點 風雨表	下午三點 寒暑表	下午三點 風雨表	晚五點 寒暑表	晚五點 風雨表
初一	格馬拉	一五度	七四六釐	二三	七四七	二七	七四七	二七	七四七	二五	七四七
初二	同	一五	七四六	二三	七四六	二九	七四六	三一	七四六	二八	七四六
初三	同	一五五	七四六	二四	七四七五	三一	七四七五	三二	七四七四	二九	七四七五
初四	同	一五五	七四六	二五	七四六	三〇	七四六	三一	七四六	二九	七四六
初五	同	一七	七四六	二四	七四六	二九	七四五五	三一	七四六	二九	七四六
初六	同	一五五	七四六	二五	七四六	二九	七四五五	下午四點 三〇	七四五五		
初七	同	一五	七四五五	二四	七四五五	二九	七四五五	下午三點 三一	七四五五	二七	七四五五
初八	同	一五						三			
初九	同	一五	七四五五	三三	七四六	三一	七四六	三三	七四六	二八	七四六
初十	同	一五	七四六	二五	七四六	三一	七四六	三五	七四六五	二九	七四六五
十一	同	一五	七四六	二八	七四六	三一	七四六	三六	七四六	三〇	七四六

風向	風力	天氣	評驗
北	小涼風	晴甚入夜	二月係特拉巴爾脫測驗
同	同	同	
北轉東北	輕風	上午夜間風靜	
東北	下午好風	晴甚	
北	下午小涼風	晴甚上午夜間風靜	
同	下午和風	同	
東北	同	同	
同	輕風	同	
同	同	同	
靜		晴甚無雲	
同	同	同	

西歷一千八百六十七年二月

日	地方	寒暑表並風雨表數				
十二	格馬拉道中	上午八點 一八度 七四七釐	上午十點 二三 七四七	十二點 二七 七四七	下午三點 二七 七四七	晚五點 二五 七四七
十三	道中					
十四	同					
十五	同					
十六	旁沒格					三一五 七四三
十七	同	二三五 七四三	上午九點 二五 七四三	二八 七四三	三一五 七四三	二九五 七四三
十八	同	二二 七四四	上午十點 二四五 七四五	二九 七四三五	三三五 七四四	二八 七四四
十九	同	一七 七四六	二一 七四六	二二 七四六	二三五 七四六	二二 七四六
二十	同	一六 七四六	二〇 七四六	二五 七四六	二五五 七四六	二一 七四六
二十一	道中					
二十二	同					

風向	風力	天氣	評驗
靜	輕風	晴甚無雲	
北	下午輕風	同	上午八點鐘離格馬拉
同	同	晴甚薄霧	
同	同	晴上午薄霧	
北	下午風輕	晴甚輕霧籠日	下午二點半抵旁役格
同	同	上午陰霧疏雨晚晴甚	
同	晚好風	晴甚上午陰霧風靜	
同	同	同	
同	風甚不定自山壁迴來其力甚勁	陰稍和	
北轉東北	同	同	上午九點半離旁役格
同	同	晴雲	晚四點抵北農

西歷一千八百六十七年二月

日	地方	寒暑表並風雨表數 上午六點		上午十點		十二點		下午二點		下午五點	
二十三	北農	一二五[illegible]	七四六[illegible]	二三	七四六	二六	七四六	二八	七四六	二五	七四六
二十四	道中										
二十五	拉扛									晚四點 二八	七五〇
二十六	同	一七	七四六	二五	七四六	二八	七四六	三〇	七四六	晚五點 二八五	七四五
二十七	同	一六五	七四六	二三	七四六	二五	七四六	二九	七四六	二八	七四六
二十八	同	一七	七四六	二一	七四六	二三	七四六	二三五	七四六	二三	七四六

風向	風力	天氣	評驗
北往北東北	下午和風迴自山壁	晴入夜風靜	
日中自東北轉北西北晚間復轉東北	小涼風晚十點鐘冷甚	晴雲	上午七點離北農
東北至東東北	好風	晴甚夜間上午風靜	下午一點抵拉扛
東東北	下午小涼風	晴甚雲輕	
東北	同	晚陰霧夜十點疏雨	
同	同	陰小雨時下時止遠際風雨	

西歷一千八百六十七年三月

日	地方	上午六點 寒暑表	上午六點 風雨表	上午十點 寒暑表	上午十點 風雨表	十二點 寒暑表	十二點 風雨表	下午三點 寒暑表	下午三點 風雨表	晚五點 寒暑表	晚五點 風雨表
初一	拉扛	三度	七四五五釐							二八	七四五五
初二	同	一九	七四六	二五	七四六	三〇	七四六	二五五	七四六	二三	七四六
初三	同	二〇	七四六五	二七	七四六	三一	七四六	三四五	七四六	三三五	七四六
初四	同	一五五	七四六	二五	七四六	二九	七四六	二九五	七四六	二八	七四六
初五	道中										
初六	同										
初七	胡磴	二三	七四六	二八	七四六	三〇	七四六	三一	七四六	二九	七四六
初八	同	二一	七四五五	二五	七四五五	二九	七四五五	三二	七四五五	二九	七四五五
初九	同	二〇	七四六	二六	七四六	三〇	七四六	三一	七四六	二八	七四六
初十	同	三一	七四五五	二九	七四三	二一	七四四	二六	七四四	二六	七四四
十一	同	二一	七四四五	三三	七四五	二八	七四六	二九	七四四五	二六	七四五

風向	風力	天氣	評驗
東北	微風	陰霧	特拉巴爾脫測驗至初十止
東轉東南	輕風	上午濃霧而風靜是日晴甚	
同	下午輕風	晴甚微霧	
東南	下午小涼風	午間霧散	
同	晚間和風	晴甚	十二點離拉扛
同	晚間風停	晴甚	下午二點半抵胡椗
靜		下午濃霧天變大風	
南東南	晚間小涼風	薄霧籠日入晚疏雨暴風	
東南	同	晴薄霧	
南	三點時暴雨大作	上午霧南風自二點至三點午大雨雹晚間風靜乃晴	自二點天變時寒暑表竟高至三十二度迨二點三刻始退二十六度
同	小涼風不定	陰天驟暴風午後雨	

西歷一千八百六十七年三月

日	地方	寒暑表並風雨表數 上午六點	上午九點	十二點	下午三點	晚五點
十二	胡磴		二五度 七四七蠢	二七 七四六五	二八 七四五	二四五 七四五五
十三	薩尼布犂			二五五 七四五	六五 七四四	二八 七四二
十四	同	二〇 七四三	上午十點 二五五 七四五	三一 七四五	三三 七四三	三三 七四二
十五	同	二三 七四三	二九 七四四	三二 七四五	三三 七四三	三三 七四〇五
十六	道中		上午八點 二四 七四三			
十七	同					
十八	同					
十九	同					
二十	同					
二十一	同					
二十二	同					

風向	風力	天氣	評驗
西北	小涼風不定	晴上午雲西北變晩西點鐘	
東南	小涼風	陰霧下午天開	上午六點半離胡磴至十點半抵薩尼布準
西	晩輕風	晴甚微有蒸氣	
西西南	同	晴甚雲	
西	小涼風	晴甚雲晩間暴風從西南來	
同	同	同	天氣最高
西轉北西北	和風不定	晨二點半暴風自西南起下午晴甚	
北西北	和風	陰雨自九點至十二點	
西北轉北東北	和風最不定	上午雨下午晴	天氣驟然冷甚
同	同	同	
西南	和風	晴雲	

西歷一千八百六十七年三月

日	地方	寒暑表並風雨表數 上午六點 寒暑表	上午六點 風雨表	上午十點 寒暑表	上午十點 風雨表	十二點 寒暑表	十二點 風雨表	下午三點 寒暑表	下午三點 風雨表	晚五點 寒暑表	晚五點 風雨表
二十三	薩尼布犁向旁畢塞道中										
二十四	旁畢塞					三〇	七四一	三四	七四〇	三五五	七三九
二十五	同	二四度	七三九釐	二七五	七四一	三〇	七四〇	三五五	三七九	三五五	七三八五
二十六	道中	三									
二十七	農開	三				三〇	七四三	三一五	七四二	三二五	七四二
二十八	同	二四三	七四三	二五	七四四	二八五	七四三	三〇二	七四一五	三〇五	七四〇五
二十九	同	二二	七四一五	二六	七四四	二九五	七四一	三三八	七四〇		
三十	同	二四二	七四三	二三八	七四三五	二七	七四三	三一	七四〇五	三一五	七三八五
三十一	同	二四	七四三	二五	七四三	二三五	七四一五	二八	七三八五	二七	七三〇五

風向	風力	天氣	評驗
南轉西南	輕風	晴甚天際陰	
同	同	同	十二點抵旁畢塞
同	向	同	晨三點寒暑表二十四度風雨表七百三十九釐
西北轉西南	小涼風	同晚間暴風從西南起卽是處山壁迴風	上午七點離旁畢塞
北東北	和風	晴雲	上午十一點一刻抵囊解
西北	同	晴甚雲	
北西北	小涼風	同	
同	冷風	陰九點半小雨下午晴	
西北	同	陰暴風午雨	

西歷一千八百六十七年四月

日	地方	寒暑表並風雨表數				
初一	自農閒向文湘道中	晨六點	上午八點 二二五 七四三	十二點		
初二	文湘				下午二點 三三五 七四〇	晚五點半 三〇 七三九
初三	同	二三度 七四〇釐	上午十點 二六 七四二		下午三點 三三 七四〇	晚五點 三〇 七三九
初四	道中					
初五	同					
初六	同					
初七	同					
初八	同			二七五 七四〇	三〇五 七四〇	
初九	同	二二五 七四三	二四 七四三			
初十	同					
十一	同					

風向	風力	天氣	評驗
西北	和風	晨四點時暴風是日晴甚	上午八點半離霧解
西南	午後和風	上午晴甚風幾靜下午三點時天風雨自西南向至	夜一點抵文湘
西南不定	同	午後天變雨少風甚	
同	小涼風最不定	上午晴午後風夜半狂熱	
南	小涼風	上午陰霧而熱下午和	
上午西北	和風	上午自八點至十點大風雨自西南至下午晴	初九日上午八點所記天氣驗數係用水銀風雨針至此偶然折壞以後所用測驗者乃一變器風雨表與前水銀風雨表所較約有三釐之差
西西北	小涼風	陰和入夜開朗	
東北	同	陰和	
同	和風	上午陰薄霧入夜晴	
同	小涼風	晴甚雲	
同最無定	同	是晚霧疏雨	

西歷一千八百六十七年四月

日	地方	寒暑表並風雨表數
十二 十三 十四 十五 十六	文湘道中 克線岡道 同	晨六點 三度 上午九點 二六 十二點 二八 下午三點 二九 下午五點 二九五

風向	風力	天氣	評驗
西南	小涼風	陰雨	夜二點抵克線岡
將靜		陰午後開霽	
東東北	小涼風	霧早晨霧甚午後小雨	晨七點一刻離克線岡
方向均最無定		和雲	
天變時東北後轉西南	和風	上午晴午後一點至五點雨入夜風	是日天氣最高

茲墰河干一帶氣候、以補前此所考驗者、按斯土氣候、等於下安南當雨水之期、則陰晴驟變、颶風時作、率皆西西南與南西南二向、晴則烈日酷熱、雨則片晌傾注、罕有逾數點鐘者、雨期既過、氣候頓異、霧則漫然迷空、雨則纏綿連日、風皆東與東北也、計氣候之正者、無逾一千八百六十六年在南掌推測之時、同治五年故不得執他處尋常氣候爲九月秋晴以概之也、其時令較之下安南尚早、因太陽傾南較遠故也、當晴暘之時、晨皆微霧、天氣乾燥、天平常濛、三月之後、二向信風爭起、交迫逆氣、雨雹間所時有、三月初十日在胡磴之日記卽其一證然其所及不能逾十七半之緯度三十二之寒暑表二百尺之高於海面也遞年熱候常在四五月之間實出人意表蓋當七八月雨水之期潮溼蒸空日熱被濛爍地無力至春盡後一二月天清風定熱氣始升而爲蒸雲釀雨之候故也此際惟一陣大風可降寒暑表六七度河干山勢連亘風撼之爲迴風而無定向其約於山河之勢而行者皆北與西北間或東北等風卽排沙格之信風也常日風力皆猛於午後殺於夜間其風信爲風雨針常例所難定蓋在其南向當東風南風而降西風與風恬則升而定在旁沒格

者反是、南北風升而定、東北風乃降也、日間之寒暑度、大率晨八九點爲升極之候、午後四五點爲降極之候也、其升降在東埔治之內者、所差甚微、在南南掌者、則異、如烏棒旁沒格文湘一帶平原之內、熱之甚者、升至三十五六度、在其南者無此熱度、惟在斯登呑、會升至三十四度、當爲河干之極熱也、在旁沒格之西、沙漠曠平、信風生熱、升度因之亦甚、至排沙格斯登呑二處、鄰近祟山、谷風迴旋、時生寒氣、度反因降也、大率皆自二十度而至十八度、署與安南同、惟地當第十五度同緯者、降至十度十一度、此衹論東埔治及至此緯綫之大江一帶者如是其在山上者降自必甚不同此例也在排沙格時適廻風挾溼山峯濛霧盡日始散驗是處常日之寒暑度當晴和之候自上午六點至下午三點爲升之時餘則皆降也

西歷一千八百六十七年四月

日	地方	寒暑表並風雨表數
十七	拔克來	下午六點 二三度 七三四釐；上午十一點 三一五 七三三五；十二點 三四五 七三三五；下午點半 三五二 七三三五；下午三點半 二二 七三二
十八	同	上午六點 二二 七三四五；上午十點 一六 七三六二；三二 七三五七；下午三點 三五 七三三二；下午四點 三五五 七三二五
十九	道中	
二十	同	
二十一	同	
二十二	同	下午四點 七三○；七三三五
二十三	同	
二十四	同	
二十五	同	
二十六	同	
二十七	同	

風向	風力	天氣	評驗
下午東北	和風	下午霧雨日中晴甚下午二點半至四點大風雨自東北至	上午十點鐘抵拔克來
西南不定	小涼風	上午陰九點後晴甚	夜十二點鐘寒暑表二十四度風雨表七百三十三蕃
同	同	晴甚早晨大霧	上午十點鐘離拔克來
下午東北	和風迴風	同	
北東北	小涼風	晴風	
北下午二點時轉南	上午小涼風晚迴風勁甚	晴至二點晚五點暴風雨雹大雨傾注	雹大如櫻桃狀如卵
北	小涼風	晨陰雨晚晴	
北西北	同	同	
日中北夜間南	輕風	晴雲日上時有霧	
南最不定	同	晨雨南向大風日中霧	
南西南	小涼風	晴甚	

西歷一千八百六十七年四月

日	地方	寒暑表並風雨表數 上午六點	上午十點	十二點	下午三點	下午四點
二十八	拔克來道中					
二十九	郎潑拉彭				七二二霧 三四	
三十	同	七二四 三三	七二六八 二八六	七二五 三三	七二四 三五	七二四五 三三

風向	風力	天氣	評驗
南西南稍易		晴風	
將靜		晴雲	十二點抵郎潑拉彭
同		晴風	

西歷一千八百六十七年五月

日	地方	寒暑表並風雨表數				
初一	郎潑拉彭	上午六點半 二三度 七二四三釐	上午十點 二五五 七二六	十二點 二九五 七二五	下午三點 三四 七二四二	、
初二	同	上午七點 二四 七二四五	一九 七二六	三一 七二四五	三六 七二三二	晚六點半 三二 七二三
初三	同	二三五 七二四五	三〇 七二五六	三三五 七二四三	三一 七二三五	
初四	同		二五 七二四五	一九 七二三二	三三 七二三二	三二 七二二五
初五	同	二四 七二三五	二七五 七二三五	三一 七二三	三一五 七二一	三三 七二〇七
初六	同		二八五 七二三五	三二 七二三	下午四點 三三五 七二〇四	晚六點 二六 七二〇二
初七	同	晨六點半 二二 七二一	二四五 七二三二	二七六 七二二八	下午三點 三二 七二一	晚五點半 二八 七二〇
初八	同	晨六點 二三 七二一	二六 七二二六	三〇 七二一	三三二 七二〇九	晚五點三刻 二八 七一九六
初九	同	二二 七二一	二七三 七二三六	三二 七二二	三一五 七二一六	晚六點 三三 七二一
初十	同				三六二 七二三五	三四 七二三二
十一	同		三〇 七二三六	三四 七二三五	三六八 七二三二	晚六點 三〇五 七二〇五

風向	風力	天氣	評驗
西西北	和風	變間或晴甚	此候凡天變皆大風
西	小涼風	晴甚日上時有霧	
同	小涼風不定	上午晴下午三點大風雨	
東轉東北	小涼風	晴雲	
晨東下午西西南	小涼風夜冷	晴雲下午大風	
西西南	好風	雲下午三點五點十二點天變三次	
同	和風	晴雲夜二點大風疏雨	
下午西西南	同	大晴瑞雲	四點時風雨表低極寒暑表升至三十四度
同	好風	同	
南	小涼風	晴甚微雲	
下午西西南	同	同	

西歷一千八百六十七年五月

日	地方	寒暑表並風雨表數：晨六點（寒暑表）	晨六點（風雨表）	上午十點（寒暑表）	上午十點（風雨表）	十二點（寒暑表）	十二點（風雨表）	下午三點（寒暑表）	下午三點（風雨表）	晚六點（寒暑表）	晚六點（風雨表）
十二	郎潑拉彭			二六	七三三七	二九	七三四	三三	七三三五	三〇五	七三〇五
十三	同	二三五	七三三[illegible]	二八	七三四二	三三	七三四	三五	七三三五	三一	七三二三
十四	同			二八二	七三四五	三三	七三四	下午三點 三一五	七三一五	下午點半 三三	七三〇五
十五	同			二八	七三四五	三二	七三三七	二八	七三一六	二六六	七三二二
十六	同			二五五	七三〇二	二七五	七三三五	二八	七三一		
十七	同	晨五點半 二三五	七三三一	二七	七三三八	二八五	七三三三	三三五	七三二二	三三	七三〇八
十八	同			上午十一點 三一	七三三五	三三	七三三一	三三	七三一	二九	七三〇五
十九	同			上午十點 二八九	七三三九	三一八	七三三五	三四	七三〇五	三三五	七三〇
二十	同			二七	七三三五	三〇五	七三三三	三一	七三二二	晚五點半 二八五	七三二二
二十一	同	晨七點 二三五	七三三五	二九	七三四五	三一五	七三四五	三四八	七三三一	晚六點 三一	七三三一
二十二	同			二八五	七三四	三一	七三三八	三四五	七三二	三三	七三二

風向	風力	天氣	評驗
下午西南	小涼風	上午陰黑下午開霽	
下午西	和風	晴甚雲輕三點風	
同	同	同	
西西南	同	上午晴下午變大風雨	
西	輕風	陰雨狂雨數陣天乃稍霽	
同	同	濃霧蒸成小雨夜半晴甚	
西南	好風	晴甚晚五點陰小雨	
西西南	和風	晴雲午後疏雨	
同	小涼風	陰雨	
下午同	和風	陰和下午四點開霽	
西西南	同	晴雲	

西歷一千八百六十七年五月

日	地方	寒暑表並風雨表數 上午八點	上午十點	十二點	下午三點	晚五點
二十三	郎撥拉彭		七三三 二七	七三五 三二二	七二〇七 三三五	七一九八 二六二
二十四	同	上午八點 七三三三 二四九度	七三三 二六五	七三七 二七	七二二 二五	
二十五	道中					
二十六	同					
二十七	同					
二十八	同					
二十九	同					
三十	拔克本	上午十點 七一九八 三三	十二點 七二〇一	七二〇 三三九	七一八四 三五六	七一四二 三四
三十一	道中					

風向	風力	天氣	評驗
西西南	和風	晴甚雲晨夜三點俱天變	晨八點離郎發拉彭
西北	好風	陰霧午後雨	
西南	和風	晴甚雲夜一點天變	
同	同	陰和晚開霧夜晴微間南向雲朗甚	三十日上午十一點風雨表七百二十度為升極其上午六點七百二十六度為低極
同	小涼風夜冷		
同	下午小涼風迴自山壁	晴甚晨薄霧	
西西南	同	同	
同	小涼風	同	上午九點抵拔克本
下午西西南	同	晴甚夜間西西南向還際大風	上午七點半離拔克本

西歴一千八百六十七年六月

日	地方	寒暑表並風雨表數				
初一	拔克本向克線坤道中					
初二	同					
初三	同					
初四	同					
初五	克線坤		上午十點 二六五 七一七一		上午三點 三〇五 七一五	晚五點半 二六 七一四五
初六	同	晨五點半 二三二 七一五六	十一點三刻 二七八 七一七二	十二點 二八八 七一六七	下午三點半 三〇九 七一五一	晚五點 二三二 七一四五
初七	同	上午六點 二二六 七一六	上午九點 二五六 七一八	二八八 七一七九	下午二點半 三一 七一六	晚五點半 三〇 七一五
初八	同	二三五 七一五七	二九 七一七六	上午十點半 三〇二 七一八	三二 七一五七	晚六點 二九 七一五一
初九	同	二四 七一六七	上午七點半 二四八 七一七七			
初十	同		上午九點 二四八 七一九四	十二點 二八 七一九四		晚四點 二五八 七一六七
十一	同	二三三 七一八九	二六五 七二〇三	二九二 七二〇		二八六 七一六八

風向	風力	天氣	評驗
西西南	小涼風	晴甚上午霧晚間西南向朗甚	
上午八點後東	同	上午大雨傾注八點後晴午過天稍變	
北西北	和風	天變夜間大風	
北東北	小涼風	陰雨晚六點半西向暴風雨至至十二點二點後晴	
西	和風最不定	陰暴風帶雨開霧數次	上午八點抵克線坤初五日四點風雨表最高之處寒暑表亦高至三十一度
西轉西西北	小涼風	陰晚四點起大風雨	
東東北	同	晴雲	初七八兩日寒暑為本月最升之度
東	同	晴甚日上時有霧	
西	好風	陰風雨時至	
上下東東北	旁午小涼風	同	
東東北轉東南	小涼風夜一點後靜	晴甚上午陰霧十二點天東南變	風雨表與寒暑表相去甚遠

西歷一千八百六十七年六月

日	地方	寒暑表並風雨表數				
十二	克線坤	上午六點 二三度 七一八釐	上午九點 二八二 七一九六	十二點 三一四 七一九五		晚五點 二八八 七一六六
十三	同	上午六點 二五 七一八	上午十點 三一 七二〇	三一 七一九五	下午三點 三三五 七一七	二九二 七一六
十四	道中					
十五	同					
十六	同					
十七	同					
十八	東河滿禮拜堂				三五	
十九	同	上午七點 七一〇	上午十點 七二一	七一〇五		七〇八五
二十	同	上午七點半 七一二五	七一三			七一二
二十一	道中					
二十二	陵		上午九點半 七一四五	七一四	七一三	下午六點半 七一三

風向	風力	天氣	評驗
東東北轉東南	小涼風	上午晴甚自下午一點起天從東南變陰	十點時風雨
東	小涼風夜冷	朗甚雲	
東晚四點轉北	小涼風	朗甚雲晚四點天變	夜一點鐘離亢綫坤
東	同	晴雲	
將靜		晴甚雲輕夜間南西南朗甚	
南	和風	陰風至午止晚開霽	晚宿緯二十度三十四分之處
南轉西南	小涼風	同	上午十點掠東河滿近岸之禮拜堂
西北晚轉西南	和風	陰晚風雨	
西西南	好風	陰半晨雨	
同	小涼風	陰雨自晨四點至上午十點	
同	同	陰雨	晚三點江水漲高三尺

西歷一千八百六十七年六月

日	地方	寒暑表並風雨表數				
二十三	陵	上午七點半 七二二 [illegible]	上午九點 七一三	十二點 七一三	下午三點 七一一六 二七	下午五點半 七一〇七 二五
二十四	同	上午六點三刻 七二二 二四 [illegible]	上午十一點 七一三一 二六	七一三 二五六	七一一九 二七八	下午六點一刻 七一一五 二五二
二十五	同	上午六點 七一四 二三五	七一五五	七一五七 二八九	七一四一 三〇五	下午五點 七一三七 二九八
二十六	同	七一四六 二三五	七一六 二八八	七一五五 二八八	七一三六 三三五	七一三 三三五
二十七	同	七一二五 二四五	七一三五 二九二	七一三三 三一八	七一二二 三二六	七〇九五 三〇六
二十八	同	上午七點 七〇九五 二四	七〇六 二八五	七一一 三三	七〇八 二四	下午五點一刻 七〇七二 二六
二十九	同	七一〇九 二四	七一一五 二七二	七一一 二九八	七一〇 三二八	
三十	同					

風向	風力	天氣	評驗
南轉西南	輕風	同日中開霽數次	
同	同	同	
東	同	晴	上午九點寒暑表二十五度風雨表七百一十五釐有二
東東南晚西	晚小涼風	晴甚上午薄霧	上午六點寒暑表三十度風雨表七百一十二釐七
南晚過西西南	小涼風	同夜間微風	一點鐘時寒暑表升極至三十三度
西南不定	同	朗甚雲晚三點時天從西向大變	十一點時風雨表幾處至七百一十一釐一
同	同	晴甚晨霧雨餘甚霽	
南西南	同	同	臨行時測驗儀器收入行裝矣

西歷一千八百六十七年七月

日	地方	寒暑表並風雨表數				
初一	自陵向巴樓道中					
初二	道中					
初三	巴樓		下午十點 二六五度 七一三六釐	十二點 二八 七一三五	下午三點 二七五 七一二	晚五點 二六 七一一五
初四	同	二三 七一三	二四三 七一五	二五五 七一四八		二七 七一三三
初五	同	上午七點 二四 七一三九	二四六 七一五五		二四五 七一四	
初六	同	上午六點 二三 七一四				
初七	同		二四 七一五		七一三	
初八	道中					
初九	新掠潑					下午四點 二五 七〇九
初十	同	二四 七一〇	七一一三	二八三 七一〇九	下午二點半 二九 七〇九五	下午五點 七〇八四
十一	同		二七 七一一	二九		二四三 七〇八一

風向	風力	天氣	評驗
西南	小涼風	上午陰雨下午晴雲	上午八點離陵
同	同	陰四點與夜十點均雨	夜一點抵巴樓
南西南	同	陰夜四點雨	
西	同	雨至晚五點始止夜半稍晴	
西西北	同	雨	
西不定	同	同	
西西南	和風	陰午間微霽	
西	小涼風	向午稍晴上午與夜間均雨	上午七點離巴樓
東不定	輕風	同	上午十一點抵新掠撥
西	小涼風	晨雨是日晴雲	天文館高於江流十尺
西西南	同	上午晴下午陰二點半至四點半天變暴風大作	

西歷一千八百六十七年七月

日	地方	寒暑表並風雨表數									
		上午六點		上午十點		十二點		下午二點		下午五點	
十二	新掠潑	二九度	七〇二釐	二五三	七一二五			三〇	七〇九三	二九	七〇八四
十三	同	上午五點半 二三五	七〇九	二六八	七一二一			三〇四	七〇七九		
十四	同	上午六點半 二四八	七〇七七	二七	七〇八四	二八二	七〇八一			二六八	七〇六二
十五	同							下午四點半	七〇五九		
十六	同										
十七	同	二三五	七〇九	二五五	七一〇二			二五八	七〇八九	二七八	七〇八二
十八	同	二三二	七〇九二	二五六	七〇一五			二五八	七〇九八	二五	七〇八一
十九	同	二三九	七〇八二	二五二	七〇九三			下午三點 二八三	七〇七二	二八二	七〇六五
二十	同	上午七點 二三六	七〇七五	二六八	七〇八五			三〇二	七〇三三	二八六	七〇五四
二十一	同	二四四	七〇七五			三〇二	七〇八	二八	七〇六六	二八二	七〇六二
二十二	同							下午二點 三〇一	七〇八		

風向	風力	天氣	評驗
上午東東北下午西	小涼風	向午稍晴上午雨	
西西南	和風	晴和雲甚	
南	同	晚陰六點後雨	
晚東南	小涼風	雨至晚四點半止天稍淨	
西晚五點轉南	同	上午雨向午開霽晚五點天從南變復雨	
西	同	陰雨	
西南	同	同	
西西南	同	雲開自上午十點起晴	江水漲至去年最高之處
西南	同	雨自早晨三點至五點止是日頗晴	
同	同	日中稍霽二點半時天變頗速	
同	和風	雨自早晨一點至四點上後晴雲	

西歷一千八百六十七年七月

日	地方	寒暑表並風雨表數				
二十三	新掠溪向朔榮道中					
二十四	朔榮				下午四點半 二六五 七〇四四	
二十五	同		上午十一點 二五三 七〇七	十二點 二五八 七〇六七		晚五點 二四八 七〇五一
二十六	同					
二十七	同	上午七點半 二三八 七〇六六	二三九 七〇七	二四八 七〇七	下午二點 二五六 七〇六	二四八 七〇五四
二十八	同	二三八 七〇七五	二四八 七〇八		二四九 七〇六五	二六 七〇五九
二十九	同	二三四 七〇七六	二六 七〇九一		二七一 七〇七九	二六五 七〇六六
三十	同		上午九點半 二五四 七〇九一		二五八 七〇八	二五三 七〇七五
三十一	道中					

風向	風力	天氣	評驗
西南	小涼風	雨自早晨四點至六點止日中晴	十點離新掠潑
同	同	天變乍陰乍晴	下午一點抵朔榮
將靜	靜	雨不息	
西南	小涼風	同	
南西南	和風	十二點雨止陰	
同	同	雨至晚三點止	
西南	同	陰雨以陣止	
靜	同	陰雨	
西南	小涼風	同午後天開霽數次	十二點離朔榮

西歷一千八百六十七年八月

日	地方	寒暑表並風雨表數 晨五點半	上午九點半	十二點	下午四點	晚五點半
初一	巴刪				二七五 六九九五	
初二	同	二三度 七〇五五		二九二 七〇三二	下午二點 三〇二 七〇二	二五二 七〇〇
初三	同		二五五 七〇二七		下午三點 三〇五 七〇〇六	晚五點 二九五 六九九五
初四	同		二六五 七〇二六		下午二點 二九 七〇二	晚五點半 二六八 六九九八
初五	同		二五五 七〇一六		下午三點 二六六 六九九五	晚六點 二四六 六九九二
初六	同		二五七 七〇〇七			
初七	道中					
初八	猛榮				下午二點半 三〇 六九六六	晚五點 六九五二
初九	同		上午九點半 二五 六九八一			二五二 六九五三
初十	同	晨六點半 二三五 六九五八	二四 六九六四	二四四 六九五六	下午三點 二三 六九四三	二三二 六九三七
十一	同	二二五 六九四九	二四八 六九五六		下午一點 二三 六九四四	二四五 六九三五

風向	風力	天氣	評驗
西南	和風不定	稍霽午間小變	上午一點鐘抵巴刪
西	和風	同	
同	將靜	朗甚雲輕	
西西南	小涼風	朗甚雲濃	
同不定	小涼風不定	陰和午間小變晚暴風自東北至	
同	同	晴和霽上午九點小雨晚陰大風從東北至	
同	同	朗甚午後三點天驟變大風雨	上午八點離巴刪一點抵猛榮
南	好風	天變暴風自東南至	
西	和風不定	陰天變大風雨繼至	
同	同	同	
同	同	上午雨止下午二點後復雨	

西歷一千八百六十七年八月

日	地方	寒暑表並風雨表數				
十二	猛榮		上午九點半 二三五 六九六八			晚四點半 二三 六九六八
十三	同			十二點 二四三 六九九八	下午三點 二七五 六九八五	
十四	同		上午十點 六九九三		二八 六九六二	晚五點 二七 六九五三
十五	同		二六 六九七二		二九 六九五五	二四 六九四五
十六	同		上午九點半 二五 六九七六	二六八 六九七四	下午三點半 二九 六九五七	晚五點半 二八 六九五四
十七	同		二三八 六九七六	二七 六九六七		二四五 六九五五
十八	同		二五 六九八一	二六四 六九七六		晚五點 二三五 六九六一
十九	同	上午七點 二三五 六九七五	二四八 六九八四		二四二 六九七二	二三三 六九六一
二十	同		二四五 六九八一	二七一 六九七九	二七 六九六	
二十一	同	二三 六九七六	二五 六九八四	二八 六九八一	三〇 六九六四	二八五 六九六一
二十二	同		二六 六九九四	二八 六九八六	二九八 六九六九	

風向	風力	天氣	評驗
西南至西	小涼風	雨不息	
下午東北	同	下午稍晴	
西	同	晴和雲午後一點天小變雨至	
西北最無定	小涼風最不定	同晚大風雨	
同	同	上午雨下午晴	
南不定	同	日中稍晴夜間大風雨	
東南	同	雨不息	
同	同	同日中天開一二次	
晚西北	和風最不定	陰午間大雨二三次	
西北晚過西南	好風	稍晴雲小雨一二次	
西西南	同	早晨雨日中稍晴	

西歷一千八百六十七年八月

日	地方	寒暑表並風雨表數				
二十三	猛柴				下午一點半 二五度 六九七七度	
二十四	同		上午九點半 二三五 六九九四		下午三點 二三七 六九七六	晚五點半 二三八 六九七七
二十五	同	晨六點半 二二 六九八七	二五 七〇〇一			
二十六	同		上午九點 二六五 六九九五	十二點 二九五 六九八	三〇五 六九七五	晚五點 三〇 六九七
二十七	同	晨七點 二五五 六九七	上午九點半 二五五 六九八七		下午三點半 三二二 六九五五	晚五點半 二九五 六九五一
二十八	同		二六 六九八一		下午三點 三二五 六九六	二八 六九五五
二十九	同		二五五 六九八九		二七六 六九五五	二七 六九五二
三十	同		二九 六九七五		下午三點半 二九 六九四四	二五八 六九四
三十一	同		二五四 六九六四		下午三點 二八八 六九四二	二八 七九三七

風向	風力	天氣	評驗
西西南	和風	陰霧微雨時下時止	
將靜		雨至下午四點止	
東北	小涼風	晴甚	
同	同	晴雲	
南東南	同	晴甚早晨霧	
同晚過東北	同	上午小雨日中晴復陰晚大風	
北東北	同	早晚雨日中晴	
同	同	雨至上午九點止晴甚	
東北	同夜冷甚	晴和晚大風自西北至	

西歷一千八百六十七年九月

日	地方	寒暑表並風雨表數				
初一	猛榮	晨六點半	上午九點半 二四二 六九八七蓬	十二點	下午三點 二九五 六九六三	上午五點半 二八 六九六
初二	同	二三五 六九八			二七五 六九七一	二七 六九六七
初三	同				二七一 六九七五	晚五點 二七 六九七
初四	同				二五 六九七四	晚五點半 二五五 六九七一
初五	同			上午十點 二三八 七〇〇一	下午三點半 二四八 六九七五	二五三 六九七九
初六	同	上午九點 二四三 七〇〇九		十二點 二五八 七〇〇	下午三點 二七八 六九八四	二六五 六九七九
初七	同	上午七點 二三 六九九		下午四點 二九四 六九六七	二八三 六九七	下午七點 二五七 六九七一
初八	道中	上午六點 二三三 六九七四				
初九	同					
初十	猛遊				二五五 七〇三三	晚五點 二五五 七〇二
十一	同	二六 七〇二		十二點 二八五 七〇六七	下午三點半 二七八 七〇四〇	晚五點半 二六八 七〇三五

風向	風力	天氣	評驗
早晨西北至西十點後東南	小涼風	上午天變雨晚至夜間晴甚	
東南	同	晴甚雲	
東北至東轉東東南東東南	同	自夜半起大雨至午下午漸晴	
	同	同	
同	同	同	
東不定	同	晴雲上午十點半天變雨	
南至南西南	同	晴早晨霧	
南西南	同	晴甚雲輕	上午九點離榮
西南	同	同	晚八點抵猛遊
靜		陰雨	猛遊之河水竝見甚高
北轉東北	小涼風	天氣漸漸向晴	

西歷一千八百六十七年九月

日	地方	寒暑表並風雨表數				
十二	猛遊				下午三點半 三〇八 七〇三三	晚五點 二八五 七〇二五
十三	同	下午六點半 二三度 七〇三六釐			下午三點 二八 七〇〇三	二六七 七〇〇
十四	同				二八八 七〇〇八	二七三 七〇〇五
十五	同	上午六點 二三八 七〇二一	上午九點半 二六三 七〇三五		二四八 七〇〇六	下午六點 二五八 七〇一
十六	同		二六五 七〇四五			
十七	同		二七 七〇五五		三一八 七〇二五	晚四點半 五二五 七〇一九
十八	道中					
十九	同					
二十	龍		二六五 六九三九			晚五點 六九二五
二十一	同	上午八點 二六 六九四	二七 六九四七			晚五點半 六九二
二十二	同		六九五二			夜四點半 六九二九

風向	風力	天氣	評驗
北東北	小涼風	晴甚	河水立見其退
東北	同	雨滂沱盡日	
同	同	半陰黑雲數處	
同	和風不定	陰黑	
晚過西南	小涼風	下午四點時開朗	
東北	同	晴甚雲輕	
同	同	晴甚午間小變	上午八點離猛遊
北東北	同	晴甚雲輕	下午四點抵龍
東北晚轉南	同	上午雨日中變夜半晴	
南東南最不定	和風	日未上時雨日中霧下午四點時西南天變	
靜		濃霧至午始消晴甚東向開朗	

西歷一千八百六十七年九月

日	地方	寒暑表並風雨表數			
二十三	龍	上午九點半 六九五[illegible]		晚五點 二九 六九二五	晚四點半 六九二四
二十四	同	六九四四			晚五點 六九二四
二十五	同	上午十點 二八 六九三八			
二十六	同	六九四六	十二點 二八 六九四		
二十七	道中				
二十八	同				
二十九	同				
三十	克線杭	上午九點半 七〇三八	下午三點半 二六五 七〇〇六	下午四點半 二五五 七〇〇五	下午五點半 七〇〇四

風向	風力	天氣	評驗
上午東北下午北東北	小涼風	東北大風狂雨傾注至上午七點止晴	河水淹襄庚、
靜		晴微陰	
北東北	小涼風	晴甚雲輕早晨霧	
東東北	同	同	
同	同	同	上午七點離龍
同	同	同	
同	同	同	晚四點半抵克線杭
同	同	同	

西歷一千八百六十七年十月

日	地方	寒暑表並風雨表數				
		晨	上午九點半	十二點	下午三點	下午五點半
初一	克線杭	晨五點半 一六八度 七〇三三	上午九點半 一八五 七〇三三	十二點 二一 七〇一五	下午三點 二五 七〇〇八	下午五點半 六九九四
初二	同	晨六點 二八 七〇二	一九 七〇三八	二三五 七〇三	二六 七〇一	二五八 七〇〇八
初三	同	晨五點半 二一 七〇三三	二三六 七〇五一	二四八 七〇四	二六二 七〇二	二三 七〇一八
初四	同				下午三點半 二五三 七〇二五	
初五	同					
初六	同	上午七點 二三 七〇三五	二四五 七〇四二		下午三點 二三 七〇二三	
初七	道中					
初八	同				下午二點 六八七	
初九	同				下午三點 六四七	
初十	同				下午四點 六四二	
十一	同					

風向	風力	天氣	評驗
東東北	小涼風	晴甚雲輕早晨薄霧	
同	同	同夜間南向清朗	
南東南	和風	日未上時大風雨是日晴	
西南	同	晴雲早晨霧	
同	同	同晚五點天變大風雨	
東南	好風	陰雨	
東北	小涼風	陰霧小雨時落時止	十二點離克線杭
同	同	霧雨至上午九點消晴	風雨表如榮之高
同	同	晴甚早晨薄霧	是晚歇宿時風雨表亦如日中所記之釐數
同	同	同	是晚歇宿時風雨表之高與江寒城同
同	同	同	晚三點半抵克線嶴

西歷一千八百六十七年十月

日	地方	寒暑表並風雨表數		
十二	克線裊盤（記作客記作萝 綫耩阿浜）	上午九點半 二二度 六七〇五釐	十二點 六六九五	
十三			二五 六四九	
十四	襄桑東（記作朋 記作蓑）		二四 六四六	下午四點半 六四二八
十五	道中	上午十點半 六四〇		
十六	同			
十七	同			
十八	同			

風向	風力	天氣	評驗
東北	微風	晴甚早晨薄霧	上午七點半離克線表十點半抵盤
不定向	同	同	
南西南	小涼風	晴早晨霧雨以後晴	上午八點離盤十一點抵囊桑果
南	和風	大風晚雨	上午七點半離囊桑巢風雨表之高與在武莫數城同
同	同	晨二點至五點暴風狂雨傾注旋霽	
同	小涼風	天變雨盡日	
東	同	晴甚雲	晚四點鐘抵恩茅

考之上表足見風向隨地而易江干一帶障於北南掌者爲甚如克線坤當六月時東北之風尙然當令耶潑拉彭於四月時西西南之風不絕故北南掌之平原年之四月十月均有兩番風信沿遠印度之邊界而過也測北南掌與測南掌之候同其日中氣候較之夜間和折啞低三四度測南向時無月數可考姑設三四月爲最熱之候故南北之較未能恰準也以北向較之南向其熱遠甚且江岸諸流並一帶山泉沃於石壁均返映日光以增炎旭拔克來在緯之十八度須登吞在緯之十三度半以拔克來四月之寒暑度較之須

登吞八月之寒暑度約高二度、郎潑拉彭第二十度同緯、離江稍遠江映所不及之處而五月時寒暑度亦至三十七度、海水漲時將至三十九度、麻格來奥總兵驗湄南江之西派美平河、當緯十七度三十分之處、寒暑度竟至四十七度八、麻好定郎潑拉彭八月氣候、其寒暑度升降介於三十三度三、二十一度六之間、在其南者同、此最熱者不過高逾一度八、最冷者不過降二度九、其例前經記、及麻好復測郎潑拉彭十月氣候、自十四度、至三十二度二、爲定去江岸東西之高處可驗氣候之異者、如江右克線當平原之上、距江流水面約法尺九百尺之高、麻格來奥曾驗其寒、暑度之升降、自五度半至二十八度、其江左近處山峯之上、距江流水面約法尺一千三四百尺之高、距本處平原亦有七八百尺之高、每屆乾燥之候、東北風起時、其高處最冷、隨時積雪、樹木草桊皆有後凋之質、其地之風雨表、日中最升爲十一點、最降爲六點、相去亦不過三釐、指南針已用測遠機對準於郎潑拉彭、指東北三度○四分、於克線坤指東北二度五十分、

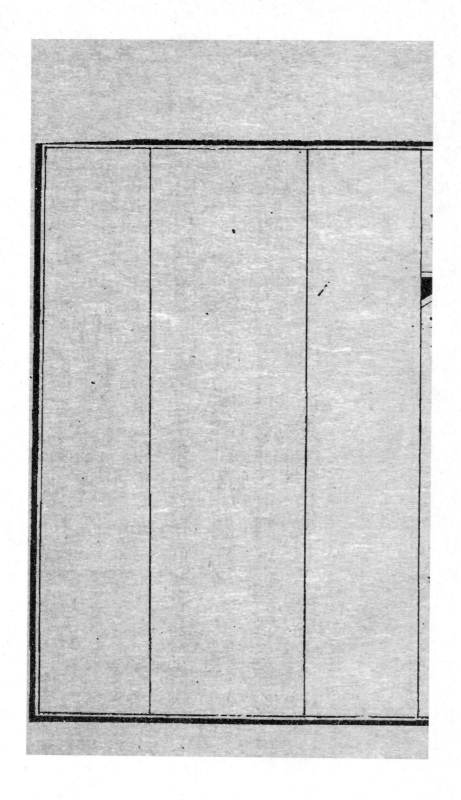

西歷一千八百六十七年十月

日	地方	寒暑表並風雨表數				
十九	思茅		上午十點 六四三三[illegible]度		下午三點 六四二五	
二十	同					
二十一	同	晨六點 一六五 六四〇八	上午九點 一七 六四二五	十二點 一八 六四一七	二〇 六三九四	晚五點 一九八 六四〇
二十二	同	一六二 六四〇三	上午九點半 一八 六四一九	一八六 六四二四	一九七 六四〇一	二〇 六四〇八
二十三	同	一六 六四二	一七五 六四四三	一八 六四三四	一九六 六四三三	晚五點半 一九二 六四一九
二十四	同	一四五 六四二六	一六五 六四四五		一八一 六四二二	晚五點 一八五 六四二
二十五	同	一五 六四二	上午十點 一六五 六四四	一八 六四三四	一八九 六四二七	晚五點半 一八五 六四二五
二十六	同	一五 六四一六	上午九點半 一七五 六四三	一八二 六四二		
二十七	同		一六九 六四三二			晚四點半 一九二 六四〇一
二十八	同	一六九 六四〇七	一六八 六四二八			
二十九	同				下午三點半 一九 六四〇八	晚六點 一四五 六四〇三

風向	風力	天氣	評驗
南	小涼風	晴雲上午十點天變雨	
西南	同	晴	
早西北晚西南	小涼風轉和風	上午雨晚晴和	
東	小涼風	晴雲	
東	輕風	同	
東晚轉南	同	向午天陰	
南	同	晴晚二點小雨	
東	同	晴甚雲輕	
同	同	晴雲濃	
南	小涼風	晴陰	
同	同	同下午一點疏雨	

西歷一千八百六十七年十月

日	地方	寒暑表並風雨表數				
三十	自思茅向					晚六點六三六釐
三十一	同					

風向	風力	天氣	評驗
南不定	小涼風	晴甚雲	上午九點離恩茅風雨表即停泊時所記也
同	同	同	

西歴一千八百六十七年十一月

日	地方	寒暑表並風雨表數				
初一	普洱					下午四點半 二三 六三八二
初二	同	晨六點 一三五 六三八釐		上午十點 一八 六四一五	十二點 二〇 六四二二	下午三點 二三 六三九二
初三	同	一七五 六四〇		一九 六四一九	一九一 六四〇八	二一 六三八九
初四	道中				六二四七	晚六點 六四七
初五	同					六七七
初六	道關					下午二點半 二〇 六二五五
初七	同	晨六點半 一五 六二五八		上午九點半 一五七 六二六二	一六 六三五九	晚三點半 一八 六二五五
初八	道中				下午一點 六八九五	六七二五
初九	同					
初十	他郎	晨六點 一四 六四二		一五 六四三五		一七六 六四〇五
十一	同	一四 六四二		上午十點 一四一 六四三		下午四點 一三五 六四〇三

風向	風力	天氣	評驗
東南	輕風	晴甚雲	上午十一點抵普洱
南東南	小涼風	陰上午十點小雨	上午九點寒暑表十五度風雨表六百四十盤三
南	同	同	下五四點寒暑表十五度一風雨表六百三十八盤五
西南	同	同	本日風雨表兩數其一記於道中之高處其一記於莫黑即晚間停宿之處也
北東北	同	晴甚雲	
西南	同	同	風雨表兩數記於把邊江
西西南	同	同	下午一點鐘抵通關
西南	和風	同	上午七點半離通關風雨表兩數其一記於布庫江其一記於昌路平
東北	同	同	
南不定	輕風	陰晚五點小雨	下午二點鐘抵他郎
南轉南東	小涼風	陰霧雨	

西歷一千八百六十七年十一月

日	地方	寒暑表並風雨表數			
十二	他郎	晨六點 一三度 六四二[illegible]	上午十點 一三二 六四三四		下午四點 一三九 六四〇六
十三	同	一三 六四三三	一四 六四三六	十二點 一五 六四三二	下午三點半 一五八 六四一九
十四	同				
十五	同	晨六點半 一三六 六四〇八	一四 六四一五		下午三點 一四五 六三七一
十六	道中				晚四點半 六二五三
十七	劍棱		上午九點 八五 六二五五		晚三點半 七三 六二五二
十八	道中	晨五點半 五八 六二五三			下午一點半 九 六四一五
十九	同	四二			下午二點 六二四一
二十	同	六			一六 七一七五
二十一	元江	一二 七三一五	上午九點半 一三 七三三	一五 七三一	晚三點半 一七 七一七七
二十二	同	一三五 七三三	一五 七四	一六 七三一五	一七五 七一八七

風向	風力	天氣	評驗
南轉南東	小涼風	陰霧雨	
西南	和風	陰和	
南不定	小涼風	陰雨	
同	同	陰晚晴雲	
同	同	陰雨	上午十點半離他郎風雨表盤數係於劍梭所記
南東南轉東北	同	雨	
東北	稍和風	稍晴	上午八點離劍梭下午一點歇息風雨表盤數係於他郎所記
北轉北東北	同	稍晴雲	
北	小涼風	晴甚輕雲	上午十一點抵桑瓜之元江岸
微風將靜		晴甚	
東東南	輕風	晴雲	

西歷一千八百六十七年十一月

日	地方	寒暑表並風雨表數				
二十三	元江					下午二點半 一七五 七二〇三
二十四	同	晨五點半 一三五度 七二五蠡	上午九點 一四 七二六			晚四點 一七六 七二二二
二十五	同	上午七點 一二三 七二三九	一四 七二四五		下午三點 一七五 七一八七	一七六 七一八五
二十六	道中					
二十七	同			十二點 一二〇 七三一四		
二十八	同		上午十一點半 七二九五			晚四點半 一四 六二四三
二十九	同	晨六點半 一二 六二三	五八八			一〇 五九八七
三十	同	一三 六〇一			十二點 一四 六〇三五	一五 六二六五

風向	風力	天氣	評驗
南轉南東南	和風	晴雲	
靜		晴甚	
南轉南東南	小涼風	晴甚雲輕	
東南	和風	同	二十六日上午十一點離元江
西不定	小涼風	晴早晨霧	二十七日十二點風雨表盤數係在元江下流之巴江所記
同	同	同	二十八上午十一點風雨表盤數一在江岸所記一在平原之高項所記
同	同	同	二十九晨六點半風雨表盤數係在經過之城中所記又其一係晚間歇息處所記
靜		同	三十日晚四點半風雨表之盤數係在那岱城所記

西歷一千八百六十七年十二月

日	地方	寒暑表並風雨表數				
		晨六點半	上午九點半	十二點	下午三點	
初一	自江向臨安道中	七五度 六三〇二釐				
初二	臨安	晨六點 八五 六四二五	六四三五			
初三	同		六四二五	一〇三 六四〇八	一三五	
初四	同	六五 六四〇	上午九點 一〇三 六三七一		一三八 六三二六	
初五	同	九 六三五六	上午九點半 一〇三 六三七一		一三八 六三二六	
初六	同	九五 六三四八	上午九點 一〇一 六三六一			下午三點半 一四 六三〇六
初七	同	一〇八 六三二六	一二三 六三四五			六三〇一
初八	同		上午十點 一二五 六三六三	下午二點 一二二 六三一八	一四 六三三	
初九	道中					
初十	石屏	上午七點 一〇 六二六二	上午九點半 一一五 六二九三	十二點 一二二 六三一八	下午點半 一二五 六二五九	
十一	道中				下午三點 一三 六二六九	

風向	風力	天氣	評驗
東北	輕風	晴和	風雨表盤數係在郎岱所記是晚二點抵臨江
南轉南東南	同	晴甚	
同	同	同	五點時風雨表最降至六百三十八盤
靜		晴甚天際籠霧	
南	和風	晴甚	
南轉西南	同	同	
南	好風	同	
同	同	同	
東北	和風	晴雲	上午八點半離臨安下午五點半抵石屏
西南	小凉風	同	
南轉南西南	同	雲甚	上午九點離石屏風雨表盤數係晚歇息時所記

西歷一千八百六十七年十二月日	地方	寒暑表並風雨表數				
十二	石屏向通海道中		上午九點半 六〇三			下午四點 六二三七 一〇
十三	同	上午七點 六二二七 六五			下午三點 六二一八 一四	
十四	同	上午六點半 六二三四 四			六二三七 一二	
十五	通海道中	上午七點 六二二六 五	上午十點 六二五一 七五		下午二點 六二三三 九五	六二三五 一〇
十六			上午十點			六二四 〇九
十七	同	晨六點半 六二一三 四		十二點 六三一六 七		六二〇九 五
十八	江川	六二八一 一	上午九點 六三〇九 四	六二八八 六		六二〇九 六
十九	同	晨六點 六一八八 一	上午十點 六三〇二 五			
二十	道中	晨六點半 六二九五 二		五八一		晚四點半 五九四二 八
二十一	同					晚四點 六〇〇一 三
二十二	同					
二十三				六〇二 三		

風向	風力	天氣	評驗
東北	小涼風	陰和	上午九點半風雨表盡數係在道中最高之頂所記其餘係各日上午七點並晚間歇息時所記
同	同	和雲	
東東北	同	晴早晨濃霧	十三日下午三點之風雨表盡數係歇息時所記
東轉東南	同	上午十一點天陰	十四日下午二點抵通海
東南	同	雲盡日	上午九點離通海風雨表盡數係是晚歇息時並次早所記
北	同	晴甚微雲	
南	同	晴甚	
西南	同	晴甚雲	十二點時風雨表盡數在湖口所記是晚三點抵江川
同	同	同	八點半去江川十二點時風雨表盡數在道中最高之頂所記其四點半時風雨表盡數爲歇息時所記
西北	同	晴甚	
西西南	同晚間冷	同	

西歷一千八百六十七年十二月

日	地方	寒暑表並風雨表數			
二十三	自江川向雲南道中				
二十四	雲南		上午十點 六度 六〇三四	十二點 七九 六〇二九	晚三點半 一〇五 六〇二九
二十五	同	晨六點半 一五 六〇〇九	四三 六〇一	七八 六〇一七	一〇八 六〇一
二十六	同	上午七點 二五 五九九五	上午九點半 四五 六〇〇一		晚三點 一一 五九九五
二十七	同	三五 五九九五	四六 六〇〇一		一三五 六〇一一
二十八	同	三五 六〇一一	上午九點 三五 六〇一一	九 六〇一一	晚四點 一一五 六〇一一
二十九	同	二五 六〇一一	四 六〇一一		晚三點半 一一 六〇一七
三十	同	晨八點 二五 六〇一一	上午十點 六 六〇一七		晚四點半 二一 六〇一一
三十一	同	晨七點 四 六〇〇九	六五 六〇一		晚四點 一一五 五九九五

風向	風力	天氣	評驗
西	小涼風	晴甚雲輕	風雨表之盤數係在雲南大湖邊岸所記
同		同	同
西西南	下午和風	晴和甚天際輕霧	是晚一點鐘抵雲南
同	同	同	晚五點半寒暑表十度半風雨表六百〇一盤一
同	同	同	
同	同	同	
同	同	同	
同	同	同	
同	好風	同微雲	

西歷一千八百六十八年正月 同治七年

日	地方	寒暑表並風雨表數				
初一	雲南	晨七點 四[illegible] 六〇〇三[illegible]		下午二點 一〇八 六〇〇一	晚四點 一二 六〇一一	
初二	同	晨八點 四 六〇一	上午十點 五六 六〇一一		一二 六〇〇一	
初三	同	晨七點半 四 六〇一	五 六〇一一		一〇八 六〇一	
初四	同	三五 六〇〇一	上午九點 四八 六〇〇八		下午三點 一〇八 五九九五	
初五	同	四八 五九七五	上午十點 七二 五九七五		下午三點半 一二 五九五五	
初六	同	晨六點半 五五 五九七五	九二 五九七五		晚五點 一三九 五九六八	
初七	同	晨七點半 六五 五九七五	上午九點 七二 五九七五	上午十一點 二五 五九五五	晚四點 一三 五九四九	
初八	道中					
初九	同				晚四點半 一三八 五九四九	
初十	同			下午一點半 五五 五九八一		
十一	同			十二點 一〇 五九九五	晚四點 一三三 五九八八	

風向	風力	天氣	評驗
西西南	好風	晴甚微雲	
同	同	同	
同	同	同	
同	同	同	
西南轉西西南	最好風	雲頗密	
同	同	晴	
同	同	同	
東北	小涼風	晚間天陰	上午十一點離雲南
上午西南下午東北	上午和風	向午雲開晚東北風起天又陰	風雨表讀數係於陽陵所記
東東北	小涼風	陰冷下午雲開數次	風雨表讀數係於九解所記
南晚轉西南	和風	上午雲甚下午晴	風雨表讀數係於陽解所記

西歷一千八百六十八年正月

日	地方	寒暑表並風雨表數				
十二	雲南向扛村道中				晚五點 一三 五九四二	
十三	同			十二點 一〇 六〇五六		
十四	扛村道中		上午十點 十五 六〇五六	一三 六〇四二		下午三點半 一四二 六〇一七
十五					三 五五二	
十六	同	晨六點半 五五〇七			晚四點半 一二 五五八六	
十七	同	三 五五七三		五三二九	晚四點 一三五 五六六八	
十八	同					
十九	東川		八 五八一七		一〇 五七九八	
二十	同				九 五七八五	
二十一	同	上午七點半 五 五八一	六 五八三三	八 五八一	一〇 五七九二	
二十二	同		十五 五七九二			一一五 五七七三

風向	風力	天氣	評驗
南西南	和風	晴早晨薄霧	
同	山壁迴風	同	風雨表[illegible]數係於江村所記
南轉西南	同	同	
西南不定	和風漸緩	晴甚微雲	是日五點與次早五點之風雨表[illegible]數係於得昌東所記
南西南	和風	同	
西南	和風迴自山壁	晴甚	是日十二點風雨表[illegible]數係在路艛過峽之處所記
同	同	同	是晚六點抵東川
同	同	同	
西南轉西西南	冷風	晴甚雲	
南西南	和風迴自山壁	晴	
同		同	

西歷一千八百六十八年正月 日	地方	寒暑表並風雨表數				
二十三	東川	上午七點半 六度 五七八[illegible]		十二點 九二 五七八五	下午四點 二二 五七七九	
二十四	同	五五 五八一	上午十點 六五 五八一七			下午五點 一〇四 五七九二
二十五	同	上午八點 四七 五七八五	上午十點半 六 五七九二			下午四點半 一一 五七七三
二十六	同	上午七點半 三八 五八〇四	四 五八二九	下午三點半 七 五七九二		
二十七	同	上午六點半 二 五八〇四	上午十點 四 五八〇四		一〇 五七七九	
二十八	同		五二 五七八五	下午三點 一〇 五七七三		
二十九	同	上午七點半 四二 五八一				
三十	道中				一五 五九三六	
三十一	大理					下午五點 二〇 六八五九

風向	風力	天氣	評驗
南西南	和風迴自山壁	晴	
上午靜下午西南	小涼風	晴雲日上時濃霧	
西南	和風	晴甚微雲	
靜		早晨陰十點雲開晴甚	
午後南西南	和風	同	
南西南	同	晴甚	
上午靜十一點後南西南		晴甚早晨霧	
西南	和風	晴甚	上午十一點半離川東
同	同	同	風雨表蠡數係在金沙岸蒙哥地方所記

西歷一千八百六十八年二月

日	地方	寒暑表並風雨表數				
初一	自東川向大理道中	上午八點半 一六度 六〇三三釐			下午三點 一四 六〇三三	
初二	同		上午九點一刻 五五八六		下午五點 一六 六〇四二	
初三	同			十二點 五二四二		晚九點 一三八 六二二六
初四	同				八八 六〇四二	
初五	同	上午六點 六 六〇四二			一三 六〇二一	
初六	會理	上午七點 一三五 六〇二一	上午十點 五 六〇三五		下午四點 一四七 六〇四二	
初七	道中					下午四點半 一五 五九〇八
初八	同					下午六點 二二五 六四一五
初九	紅卜苴	上午八點半 一四 六四三二	上午九點半 一五 六四三四	一七五 六四一五	一九 六四〇四	
初十	同	上午七點 一三五 六四九六				一八 六三八七
十一	同	二 六四二二		一七 六四三六		

風向	風力	天氣	評驗
西南轉西西南	和風	雲密二點後天際變天起風	早間風雨表蘁數在蘭江水面所記晚間係於江內高處所記
同	同	晴雲	早間二點風雨表之蘁數係在於道中最高處所記其晚間係於大州所記
西南	好風	晴早間密雲	十二點風雨表之蘁數係所過雪山之上所記晚間四點係於滄州所記
同	小涼風	上午雨一點後開霽	
不定	微風	稍清和微雲蔽日下午五點微雨	約下午四五點時抵會理州
微風		晴	
西南	小和風	晴甚雲輕	約八點半時離會理州
同	同	同	下午四點抵紅卜苴
同	小和風自晚至夜間	下午濃雲	
同	午後晚間和風生寒	晴雲	
微風	同	晴甚下午微雲	

西歷一千八百六十八年二月

日	地方	寒暑表並風雨表數				
十二	自紅下直向馬善道中	上午八點半 一三 六四二三				下午□點 一八 六五九
十三	同		上午九點半 六六五二			下午六點 一二 六五〇七
十四	同					下午四點 一五三 六五四四
十五	馬善	上午八點 一一五 六五七		十二點 一一五 六五五六	下午三點半 一七 六五二九	下午五點半 一九 六五三
十六	道中					一五 六〇六三
十七	同					下午四點半 一五 六二七
十八	同	上午八點半 六〇四九	下午一點 一五 五八三		一五五 六一八八	
十九	同					下午六點 一七 六二三七
二十	同				一七 六〇四二	下午五點 一五 六〇四九
二十一	同			五八六四	下午四點 五五 五五七三	
二十二	同	三五 五三八二		下午二點半 一〇七 五九〇八		

風向	風力	天氣	評驗
微風	冷	晴甚下午微雲	十二點離紅卜荁
東北	輕風	陰雨盡日入夜大風雨八點開霽	上午九點半風雨表釐數係在白水江金沙江交流處所記
西西南轉西北	微風	晴雲	下午四點抵馬善
西南	同	同	
同	同	同	
同	同	同	風雨表釐數係在江右山峯所記
同	同	同	下午一點風雨表釐數係在舟次所記
南西南	和風	日間天清午後微雲蔽日	
西西南	山壁迴風	早間迴風過後微雨濃雲盡日	
西南	和風	雨盡日	自二十一日起沿江而行其風雨表數均在江岸所記
同	山壁大迴風	天氣頗佳雲	上午八點半風雨表釐數係在江濤過峽之處所記

西歷一千八百六十八年二月

日	地方	寒暑表並風雨表數			
二十三	自馬善向都琹清道中	上午十一點 一二 五六〇七		下午四點半鐘 一五 六〇三六	
二十四	同		十二點 六 五四七九	一三 六〇〇一	
二十五	同		九二 五六一四		晚九點 一五五 六〇三八
二十六	同			下午三點半鐘 一三七 五五一	下午五點半鐘 四 五九二三
二十七	都琹清道中		一三七 五九二九		
二十八	同				下午三點 一七五 六〇六三
二十九				下午三點 六五 五八九三	

風向	風力	天氣	評驗
上午靜下午西南	山壁迴風	天氣頗佳雲	
南轉南西南	和風	陰雨不定	午十二點風雨表釐數係白鹽井賓川兩江交界之處即是晚四點到之處一點時至賓川弁橋交界之處風雨表五百四八釐九
南西南	大風	晴雲	
東南下午轉西南	小和風	晴甚微雲	下午三點半風雨表釐數係在弁橋西山所記五點抵都督營次日上午八點離都督營二十九下午一點抵香關即大理
西南	小涼風	晴雲濃	
微風		晴微雲蔽日	
同	同	同	

西歷一千八百六十八年三月

日	地方	寒暑表並風雨表數				
初一	香關				下午三點 一四度 五八九三釐	
初二	道中					
初三	大理	上午八點半 一三 五八七八		下午一點半 一六 五八六四	一七 五八四一	下午五點 一六五 五八三五
初四	自大理至東川道中					
初五	同					一三 六二四五
初六	都县渚			一八三 五九五五	一九一 五六九二	一八二 五九三六
初七	同	上午八點 一四五 五八九三		一六 五九三九		一五 五九二九
初八	道中					下午四點 六二三五
初九	同					
初十	同					
十一	解查地			一五 六二五九	一六 六二四八	

風向	風力	天氣	評驗
南轉西南	和風迴自山壁	陰清和	
同	好風迴自山壁	晴甚山上有雲湖西雨雪	下午四點抵大理
上午微風下午西南	涼風迴自山壁	同	
同	好風迴自山壁	同	上午六點離大理
同	同	同	五點時風雨表高度係在廣鎮坪所記
同	同	同	上午十點抵都翠渚
南轉南東南	微風	陰下午二點微雨	
同	小和風	霧雨至午晚稍霽	下午三點抵弁橋
西西南轉西西北	下午好風	清和下午雲夜間冷	此間一帶之風雨表盤數核驗甚準
西轉西西北	好風	晴甚輕雲	在白驛弁小憩
午後南轉南西南下午南西北	和風	陰早間微雨	

西歷一千八百六十八年三月

日	地方	寒暑表並風雨表數				
十二	解查地向那達隄道中				下午三點 一七 五八七八	
十三	同					下午六點 五八四八
十四	那達隄			十二點 二〇 六〇二	下午二點半	下午四點 二二 六〇二三
十五	娘笨渚			二四 六二二六	下午三點半 二三三 六二〇九	
十六	道中		下午一點半 一六六 五七九八		下午三點 一七二 五七八五	下午六點 一五九 五七九二
十七	江洲渚		十二點 一六 五六四八	下午二點 一六五 五六二八	下午四點 一六四 五六一四	一四八 五六一四
十八	同	上午七點 九八 五〇六	上午九點半 一二八 五六一四	十二點 一五五 五六〇七	下午三點 一七 五五八六	
十九	道中	上午九點 六〇六五		六三四八	下午三點半 二八 六四六	
二十	同	上午八點半 六二三		下午一點 六六〇八		
二十一	紅卜苴	上午七點 二〇 六二九九	二三三 六四〇八	十二點 二四 六二九三	二八 六三五一	
二十二	同	二〇 六四三四	二三三 六四三五		五七四七	下午四點半 二六 六三四

風向	風力	天氣	評驗
下午西不定	和風	晴甚早間風靜晚間雲輕	
同	好風	同	
同	同	同	上午十點抵那達隄
同	同	同	上午十一點抵娘茶渚
上午西北下午轉西西南	同	同	是日離大理通衢向南取道而行
同	同	清和甚雲輕	十一點到江洲渚
西南	同	同	
西不定	和風	同	是日下江洲渚三點至人窩解
同	同	同	
午後西西南	同	清和天無片雲	一點過金沙江下午五點抵紅卜苴
午後南西南	同	清和微雲蔽日	

西歷一千八百六十八年三月

日	地方	寒暑表並風雨表數				
二十三	紅卜苴向會理道中					下午四點半 二一度 五六九三釐
二十四	同		上午十點半 五六四一			
二十五	會理		上午十一點 二〇 六〇七七	十二點 二一 六〇五六	下午三點半 二一五 六〇四二	
二十六	同	上午七點 一五八 六〇四三	一九八 六〇四九		二一五 六〇四二	
二十七	道中					二三五 六〇四九
二十八	同				下午二點 一七 六一三三	
二十九	同		一〇四 五四三四	|		一八六 五六七五
三十	同					下午六點 一七三 五八一
三十一	同	上午九點半 六八四四	上午十點半 二四 六六九一		二六 六六六三	下午四點 六 六六四九

風向	風力	天氣	評驗
下午西南	和風	清和雲	風雨表聲數在會理州所記
同	同	同	
同	同	同	
同	同	同	
同	同	同	上午七點半離會理風雨表聲數係在利渚所所記即二月初三所過之市鎮
東北	午好風迴自山壁	陰冷下午三點微雨	
西南	和風	晴甚天無片雲天際微霧	
西西南	同	同下午微雲薇月	上午九點過闌江十點半抵蠻哥
西南	同	晴甚雲	

西歷一千八百六十八年四月

日	地方	寒暑表並風雨表數				
初一	蒙哥	上午八點 二三度 六七六釐		十二點 二四 六六八二	下午四點 二七三 六六六五	下午四點半 二八 六六七二
初二	同	三二 六七五			二七 六六七二	
初三	道中					
初四	東川					下午五點半 一七五 五九八
初五	同	上午六點半 七八 五八一七	上午十點 一四 五八二九	一七五 五八一七	一八 五八二三	
初六	同	上午七點半 九八 五八二九	一三八 五八四八	一四三 五八三五		下午三點半 一四五 五八一七
初七	道中					
初八	同		上午九點半 五六二			下午五點 一九 六〇五六
初九	同				二四二 六三五一	下午五點半 二三五 六三三七
初十	同			下午一點 五六八八	一四 五九五五	
十一	同				一四 五九二八	

風向	風力	天氣	評驗
西西南轉西	好風	晴甚雲	
西北	小涼風	同	
西西南	和風	同	上午六點半離象哥
同	同	同	上午十點抵東川
西不定	同	同	
北東北		上午陰近午微雨下午開朗	
微風		晴甚雲輕	上午九點離東川
上午靜下午北東北	小涼風	上午七點陰八點至十二點大風雨	上午九點風雨表釐數係在道中高處所記
北東北	同	晴傍晚陰七點後雨不歇	是日二點半抵江底卽午欄江口
微風		陰雨不歇	十一日下午一點風雨表釐數在江之右岸高處所記
同		同	下午二點抵昭通

西歷一千八百六十八年四月

日	地方	寒暑表並風雨表數			
十二	昭通	上午七點 一三五度 二五九二五釐	上午十點 一五 二五九三六	下午一點 一五 二五九三六	下午四點 一八 二五九二九
十三	同		上午九點 二一 二五九六二	二七 二五九六八	一四五 五九四九
十四	道中	上午六點 一七五 二五九八一			一四 五九六八
十五	同				

風向	風力	天氣	評驗
西南	小涼風下午冷轉東南	晴微雲蔽日下午陰四點微雨	
北東北	小涼風	陰雨	
同	同	陰稍清和	上午八點離昭通
南西南	小和風	晴密雲	下午四點抵大關

總核以上所記風雨表數驗湖邊一帶和折高度以西連柬埔治北至金沙江南抵東京江東距廣東江二千尺爲界其湖面較瀉水之江面高逾千尺至平原之廣狹高下堪擬諸墨西哥且風向亦同故遠印度之濱年有東北信風而內地平原之風勢順而力猛者則皆西南與西西南也春之三月天淸序和東北信風常川不變資其滋息生長甚於印度餘則或北或東釀雪帶雨其連壤雲南之地氣候定準或冷或和折中計之較歐羅巴和折氣候不見差異斯行所攜機器風雨表分至六百一十度止當已敷用間或有過者亦祇六

百二十五度、仿比例法推之、數尺之內、不能差一釐、此後再行加意詳覘、使其差祇及十分釐之一、并就所歷道中高處、皆以陽氣風雨表測記、以爲後日較對之助、友人得那囑將所記機器風雨表驗稾、旋法時以水銀風雨表較對、嗣卽愼密較驗、求壓氣與道中歷記機器風雨表之度數等者、較以水銀風雨表釐數、其在六百二十五度之內者、與前所云三釐之差恰符、逾於六百二十五度者、又當別論、茲特以陽氣風雨表爲準、較驗差數、自六百十度至六百二十五度、列表如左、

水銀風雨表	差
六二二四	
	七一
六一五三	
	二一五
六〇四一五	
	一一八五
五九二三	
	八一五
五八四一五	
	六二五
五七七九	
	九二
五六八一	
	一〇二
五五七九	

機器風雨表	差
六二五二五	
	一一五
六二四一	
	一六
六二三五	
	一九
六二〇六	
	一一
六一九五	
	一
六一八五	
	一五
六一七	
	一四五
六一五五五	

五四七九	一〇	六一四〇五	一五
五二二九五	一四九五	六一二	二〇五
五二六六五	六三八	六一一	一
五二〇四	六二五	六一〇五	〇九五

風雨表差度旣無大錯其上下者祇一二釐耳凡推所歷各地高度以新澳門風雨表度折中爲率準於牽止舊著之地書所云在海上者十二月正月則以七百六十八釐爲率二月則七百六十七釐三月則七百六十六釐四月則七百六十二釐零寒暑表曾經德士鎬彈驗於野家勞卽柬埔治之

上約北緯二十九度處、一千八百七十年十一月、同治九年庚午新報中余評斯土寒燠之說在焉、寒暑表在斯土其升降之度、自一千八百七十年十二月至七十一年正月、祇在冰綫下四度至二十八度、當時風向皆南與西南、有雨始轉北也、風雨表用諸雲南高平原者、風恬則升、風來則降、而東風較之西風、其降爲尤甚也

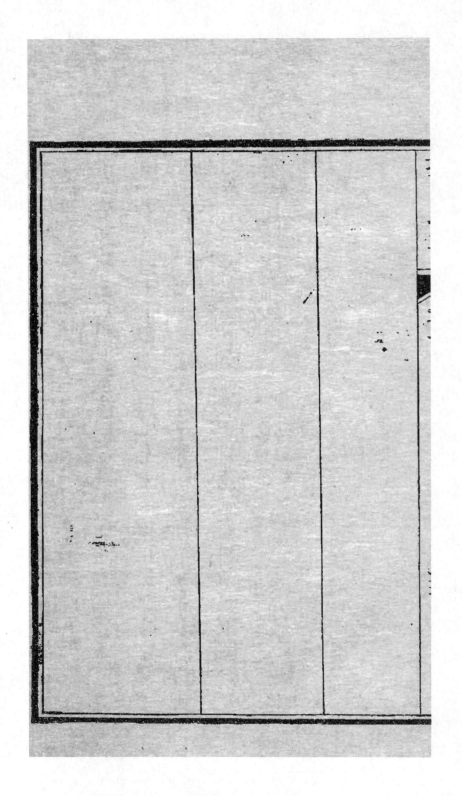

西歷一千八百六十八年四月

日	地方	寒暑表並風雨表數				
十六	大關	上午六點 一三度 六四七叄	上午十點 一五 六四七九	十二點 二〇 六四七九	下午三點 二三五 六四五七	
十七	道中				二五 六六六	
十八	同					下午三點半 二六 六七五九
十九	同					二〇五 六九六
二十	同					下午四點 二七五 七〇七四
二十一	老鴉灘	二〇五 七〇七六	上午九點半 二二三 七〇八	二五五 七〇七四		
二十二	道中					
二十三	龍溪					
二十四 六	道中					
二十七	敘州					二六 七二五
二十八	同	二三 七六				下午三點半 三〇 七七六

卽金沙江

風向	風力	天氣	評驗
西南	小涼風	上午晴下午三點天變風雨	
同	同	晴雲	上午六點半離大關
東北	和風	陰六點稍開朗晚間大風雨	
同	小涼風	陰雲	
西南	輕風	晴微雲	下午一點抵鴉老
同	小涼風	清和半陰	
同	同	同	上午六點離鴉老下午五點抵龍溪
		晴早間霧雨	
北東北	小涼風	清和雲	廿四日午九點離龍溪廿六日下午六點至九點風雨是日十二點抵敘州
同	同	清和甚雲輕	
同	同	同	

西歷一千八百六十八年四月

日	地方	寒暑表並風雨表數		
二十九	敘州	上午九點半	二五八	七一八七
		上午十點半	一	七一九
		下午三點半	二五	七一六九
三十	同	上午六點	二一五	七一七九
		上午十一點	二四六	七一九
			二五	七一七七
		下午八點半	二五	七一九七

風向	風力	天氣	評驗
東東北	小涼風	上午陰向午晴下午九點風雨	
同	同	風雨	

西歷一千八百六十八年五月

日	地方	寒暑表並風雨表數				
初一	敘州	上午六點 二三度 七三三四	上午九點半 一九二 七三〇三		下午二點半 二二二 七二〇二	
初二	同			上午十點 一九二 七二〇三		下午四點半 一八八 七一九八
初三	同			一九 七二〇二	下午四點 一九五 七一八四	
初四	同			一九五 七三一八	下午三點半 二〇九 七二九四	
初五	同		二〇 七二八六		下午三點 二三 七二五五	下午六點 二三 七二四四
初六	同	上午八點 二〇 七三三				下午四點半 二三 七二〇二
初七	同		二一			二四 七一九九
初八	同		二二 七二五五			下午四點 二五 七二三
初九	下盤			二四 七二三五	十二點 七二五	二七五 七二三二
初十	江道中	二四五 七二三			二七五 七二一五	下午三點 三〇三 七二〇二
十一	同	上午五點半 二五五 七一九五		二八 七二〇四		下午四點 二三 七一七五

風向	風力	天氣	評驗
東北	大不定	陰雨下午風雨	
北	小涼風	同	
靜	／	陰	
西不定	小涼風	清和半陰	
西南	同	晴甚雲輕	
微風		清和半陰	
西西南	微	同 晚間十點風雨	
西南	小涼風	稍清和雲蔽日	
東東北	上午小涼風	晴甚雲輕	十一點四十分離敘州晚六點半抵納溪縣 晚間十點寒暑表二十九度
同	小涼風	同	
靜		晴甚天無片雲	

西歷一千八百六十八年五月

日	地方	寒暑表並風雨表數				
十二	江道中		上午十點 二九度 七三三[illegible]			
十三	同		三三 七三二			
十四 十五	重慶		二〇八 七三〇九			下午六點 二八 七三二八六
十六 十七	同		二四 七三五一		下午三點半 二九 七三二	
十八 十九	道中	十八上午十一點 七三八		十九十二點 二四 七三七		
二十 二十一	同			廿一下午三點 三一 七三四五		廿下午四點 二八 七三四
二十二	同			三一 七三六		
二十三	同			三〇 七三八八		
二十四 二十五	同				廿四 三〇 七四六	廿五 二八 七四七五
二十六 二十七	同					廿七 二七 七四三六
二十八 二十九	同				廿八 二七 七四五六	廿九 二七 七四三六

風向	風力	天氣	評驗
靜		密雲午雨	
西	小凉風	陰雨晚間天變大雨	上午十一點抵重慶府
東北轉東東北	同	同	測驗之處較江流水面高四十尺許
西西南	同	晴甚輕雲	
東北	和風	十九日陰雨	十八日上午十一點風雨表籤數係在重慶江江面所記下午一點行
同	微風	晴微雲蔽日西南大風	
東東北	和風	晴甚輕雲	下午八點半抵夔州府
東	同	陰大風下午疏雨	下午三點離夔州府
同	山壁迴風廿五日殺甚	晴甚廿五日半陰	廿五晚十點抵宜昌府
東南轉東東北	小凉風	清和雲	廿六下午四點半離宜昌府
西南	小凉廿九大冷	最清和雲蔽日	

西歷一千八百六十八年五六月

日	地方	寒暑表並風雨表數
三十	道中	晚五點半 二七二 七四一五
三十一	同	下午三點半 二七五 七四三五
六月初一	同	二五五 七四七四
初二 初三	同	初二晨六點半 二六 七四五；初三 二八五 七四四三；晚五點半 三〇 七四七
初四	同	
初五 初六	同	初五下午三點半 三三 七四六四
初七 初八	漢口	初七 三四 七四九

風向	風力	天氣	評驗
南轉西南	和風迴自山壁	最清和雲蔽日	
西	小涼風自北來冷甚	晴雲	
東北轉東	小涼風	最晴輕雲	
西南轉南		最晴天無片雲天際霧	
早間東東南晚間東北		微雲同蔽日	
東不定		同	初六日上午七點抵漢口
東北不定		天氣重大風雨傾注	

藍江以下、氣候全非、前則風順氣燥雨多、近則氣煦風野陰晴不定、其寒暑度升降、偶爲黃道以內所罕有者、曾在北緯二十八度之敘州驗十二日之久、其風雨表升降界於七百十四與七百三十二之間、相去爲十八釐、巴拉期士棠亦驗七日、界於七百二十七七百三十八、相去爲十一釐、東北風或東風則雨、西南風或西風則晴、寒暑度遇西風則速升、東風風靜則降、此藍江一帶之氣候也、如此氣候在歐洲則異、惟中國則然、逹維衣在九江一年其測驗確實、據云當七八月湖北江西均東北風、至海上信風則皆西南之向、蓋中國

多有寒暑偏甚之處、自蒙古沙漠以下、隨地而異、皆未及探驗、兹特將身歷者記之而已、

東埔治以北探路記卷十一

目錄

遠印度左近山河形勢

西藏平原、介於喜馬來雅山之北、崑崙山之南者、五江出焉、五江者、曰怒、（即薩爾恩）曰伊拉烏抵、曰瀾滄、曰湄、曰洋子也、各源距江甚遠、同傾于東至東經九十六度、北緯二十七八度間、越山而行、其距愈遠、分爲兩路、一入于猛加臘、一入于中國海、

喜馬來雅山之東界、近于崑崙山、江流至此、爲之一束、故二流相距、祗四十五法里、緣高山間分、不能越流而當冲之凹窪、深至千五百法尺、或千八百法尺、近据探路人員、謂洋子

帥剛江即西貢
江亦即前文之
西弓河

江當近東川府蒙哥之處、介于石壁間者、深至八百五十法尺、

山之介于各江者、勢廣而支多、沿江而行、近海始止、江之源于各山者亦復不少、然不及五江之著、計其江曰亞拉剛江、曰西闌江、曰得那失勒江、曰苔乃江、曰桑江、曰廣東江、得那失勒之流、溉及緬甸印度至英屬地數處、湄南江為暹羅著名之江、苔乃江或名帥剛江、在安南法屬地界、桑瓜江源于礦土最富之山、入于東川湖、此外尚有餘支、較此尤遜者不能及也、按江之流長而廣者、無逾五江、五江夾岸地土、當發

源之處、多皆草塞、種植者少、及其近海之口、則皆地腴民稠、植產富衆、爲天下冠、南洋子江口一帶、尤無與儔也、大江之在安南者、源固相近、趨流亦略全、至入海之勢則迴然異矣、其勢有足紀也、其最曲者無如怒江、源西流東、阻于喜馬來雅山、曲行南向、繞過山脚、折向西行、會衆河、並喜馬來雅南山之瀑、全歸剛治湖、其餘者勢尚稍順、枝分如籬、或爲山銳所分流、如鵝掌者、均由湖潺澌入于海、洋子江出西藏、勢皆東北入中國、江南舒展、受支渠之水、緩黃河之勢也、山之介于怒江伊拉烏抵江瀾滄江、及介于瀾滄江湄江者、

嘛喇呷即明史之滿剌加

祇能舉其會經游歷之處、餘不贅、緬甸猛加臘與碩大岡平原交界之處有山、其勢漸漸低降、遇亞拉剛部至泥克來入海、其脈似直達于安荅滿呢咕叭蘇門荅臘瓜哇等島、阿瓦薩魯恩中之山、係會連低廣小山而成、惟北向漸高、即與喜馬來雅分脉處也、其介于瀾滄江湄江者、去爲西藏之界山、或尖、或凸、或員形勢之最不定也、

諸山之中有克線東城、乃緬甸之省會也、地雖高而不能周覽天平、緣海上尖峰凸起、緊連不斷、緬甸全被遮蔽、暹羅要處亦有不見也、其脈皆由本山分派出爲兩支、一抵嘛喇呷、

爲緬甸之江界、一向巴夫班與普薩之山、而爲暹羅柬埔寨
天然之界也、
江流之勢有二、其源皆從西藏中國而來、一自西向東、如洋
子江等是也、一隨子午線之向、如柬埔寨江等是也、島嶼則
自南如蘇門荅拉嘛喇呷台灣等溯而上之、皆從北氷洋來
也、
遠印度大山、連亘相接、過暹羅嘛喇呷阿瓦亞拉剛各處、其
脈皆從暹羅港馬拉荅猛加拉出焉、旁伯梨定二界線、一自
孟加拉港出安南直透中國、越洋子江中流達北直隸港、阿

西人以中國之大江爲藍江

摹江入阿高海出爲金剛山與高麗半島東之大山又從阿摹江之中流上至日本島一帶順島勢環抱而北也連山之腰有一節在藍江之處劃四川湖北界如冰裂紋而過之其高距江面約六百或一千英尺江之兩岸鋪灰石煤石沿東北而上不知所之又一脈之山自廣東沿東北而上劃于高麗南界自廣東之南則至海南島與瓊州諸名山爲伍喜馬來雅山之東小山蝟集斜坡連亘直趨印度海或中國海諸山環抱之中成肥泥之汙澳爲發源西藏長江之流所注也其餘湄江伊拉烏抵江湄南江薩魯思江等悉以資諸平原

之沃壤、散薩普薩巴大班各近海之山、近日潮漾漸遠、坡岸漸高、亦成沃野、許愛廣東爲下安南東埔寨出粟之府、四山瀉水、窪地成渠、謂之天然渠、互相連絡、其深者日有數時可駛輪船、由法屬地直抵其源、法之兵旅多有行者、其潮信與江潮遞反、駛舟甚易、祇須三人卽能駕二三十噸之小舟、趁潮而行、毫不失事、有船到此、皆拋錨渠口、俟潮上舟旋、起錨順流、亦無虞失向也、東埔寨北之平原、不遜于南掌左近之地、惟地稍高、而天然之渠無有也、然藉印度中國各山所瀉之水、尚足灌漑、而山岡石礫、遙接安南及普薩等山、地不純廣、故其種植不如南掌也、計其平地廣七十五里、長二百里、界山連亘、礦產極富、年七八九月、雨水當令、溪瀑盡漲、濱海皆淹、恰藉以肥地也、

自帥剛至敘州一帶搜礦紀要

西歷千八百六十六年六月初五日、自帥剛起行、凡五日均在柬埔寨三角形之內、其地江河多支源、或自安南、或自普薩、或自巴大班山等處淤下之地、介于江河者、其質因河流而異、產石者居其大半、所產之石、考之地學、等于博高安南名爲邊和石、或以砌隄、或供常用、非良質也、鐵產極少、因土人開取之法未精、故凡歐洲人通工之處、皆取易而值賤也、南本亦多產石、在柬埔隆時于柬埔寨江岸近城之處見之、土人于近城鑿井下取、盡皆邊和石、其石祇入地三尺五寸、此親察所見也、石之近于崗脚城邊者、率皆小塊此行驗一帶礦土、其成礦皆圍佈崗邊、雖深淺不同、而皆隨其結礦時之地勢、鉄礦皆散而不聚、或有産汙原之中者、石産惟邊和石爲最旺、用亦最廣、在盎高爾則徧地皆有石件之製、佈散境內、而石工多聚處山邊、離城甚遠、意必其地採石較便于近城之故也、湄江岸亦産此石、其礦入地低于江面、約四迷盧、阻于江流、未克親見也、尚有數處、東則安南法屬柬埔寨之邊和山、班那山、西則普薩山、巴大班等處、均産石之區也、六月十六十七兩日、由柬埔隆西南六千法尺一派岡上而行、卽搜驗烏柬山形勢出產、該山距平原高約四十法尺、由東南趨向西北、巴大班係其續脈、山上各峰、悉皆寺宇、並柬埔寨前王之舊陵、山封薄土、細草小樹生焉、中盡梨石、偶爲風雨漂洒、衰草野燒、石多露見也、柬埔雖之山、東北出鐵、普薩之山、以及烏柬河之上、所產石類甚多、堅石、花剛石、大理石、灰石、不等、

盎高爾平原、西北界山、東界柬埔雖、西界大湖、中多低濕泥原、樹林礦產均少、偶有樹林、其下多沙、細而青者、內金石甚

多、宜有金屑洗金者皆在城址之邊、皆當農隙之時、其金質之多少、尚未審及、想亦難多獲也、

盎高爾舊製牌像之類甚多、率皆精淨可愛、有磚製者、至今依然莊美、當天氣晦霾、尤生古意、有石琢者、亦當時同製、今已色改稜模矣、石分四色、黃藍綠紅、色皆清艷、藍綠紅三種、紋細質結、堪以磨光、然琢工間有偏喜黃石者、想必易于磨琢也、碑像之屬、皆于各寺宇中見之、其石礦開距城址尚有十法里之遙、未曾親見、自此之後、由旱路步行、重探湄江至囊本、沿江而上、距克拉抵州三十五迷盧之處、岸左有斷岩、

高十二法尺至十五法尺者、土色素白、可以製磁、時或紅者、瀉洗礦土之水也、土之質、等于江西之高嶺土、中含細碎梨石、故其色白、江邊數峰、形如鞍式者、中多此質、尚有腴土一塥、高約數法尺、蓋于其上、土腴木旺、大樹叢生、設異日土人搜見有如是富土、知爲製磁之良質、自必爭相採取也、
克拉抵城之東北數處石礦、皆係灰石、以之製灰、工易而質淨、故東埔寨王盡以石灰建囊本之宮、
湄江之流介于克拉抵斯登吞者、挾泥而行、淤石窒流、甚爲艱險、當經過時、未能遂意詳察、適溪流高漲、形勢幾失、土人

以小舟渡行、僅能察江右之石勢、然尚有未可據憑者、流冲石轉也、一路情景、遺漏甚多、緣蝸伏小舟、莫能周覽、故祗記所見者、計檢取之石、曰鮮尼脫石、露見于克拉抵地面也、曰巴來阿、畢洛生尼克、曰倭日脫精、絡結成群、達江而過、曰地藏小石、曰粗石、斯登呑之下所常見也、是處之石、色藍而質硬而紋細、其礦勢由東向西、在北緯十五至二十度之處也、尚有二種沙石、質不甚著、一爲黃石、質類青金石而脆、一爲微紅石、質粗而堅、乃粘會青金石白石而成者、一路大石常有、似皆不出前諸石所成者、其質當爲較佳、七月二十二日至八月十四日、在斯登呑、當湄江阿拓普江會流處之南掌土村、覘江岸一帶、江之右地皆沃野、四面無山、祇有小崗、高逾江面十數法尺、與阿拓普江流平行、環村之東南、自安南大山遥分一脈、由江右接東埔寨之東埔雖等山、委蛇斜曲、樹木叢薈、土黃沙黑、草卉繁生、山骨不露、惟崗脊間見有小石、然皆大不逾拳、斯登呑之東瀑流灌于阿拓普江者、距其入江之口約五千法尺、一帶產石、皆倭非脫、含鶯勒礦質、並小黃石、其間塌之處、或生梨石、江之左、石崗林立、據土人云、崗之脈、係由江右連脈跨江而過、當時江流

漲沒、無從辨認也、斯登吞城之南江之左、一崗較剛袍約高
四十五法尺、出細紋灰石、
仙盤阿拓普之間、崆江之右、有山曰眉卑、譯曰竹山、近山之
江曰竹江、產鉛礦、土人採煉、未能如法、故皆不淨、似爲柬埔
踓之鉄所雜、按此處由阿拓普江水程距法埠未遙、應宜設
法採煉、足以生財也、斯登吞康洲之中、產粗石極多、水中凸
起、連于坡岸、一帶皆是也、
康洲形勢、近漸變易、自東至西、泥流壅塞、急湍不通、船隻不
行、窪注而成大湖、成湖之後、江面尚廣、小島星布、即土人亦

莫能悉舉其名也、江水趨下、距二千法尺之遠、其水面高低之較、已有二十餘法尺、當急湍之處、分爲八支、廣狹不一、中惟一派爲溪流、餘皆山瀑也、聚于康洲之脚、如箑之分支焉、江流壅塞之處、自近安南邊之向、漸漸汙深、迤邐向西、江流出處、則介于五崗、五崗者、圍列如環、其最高者、計四五百法尺、距于江面、其四崗在江外之西、一在島中之南、崗中草木繁盛、江流到此、紋勢較深于他處、流勢始傾西向、無路可出、乃折向南、由崗之中間去也、

九月二十二三十三二十四等日、攷驗康洲及臨江可及之

地、流之中、岸之畔、皆樓非石、梨石之質、精粗不等、中流多有之、層塥甚厚、在坡邊者質結、藏土內者質精、當梨石厚結之處、有高嶺土、

江之右岸、康州之內礦質不純、或有名碩礫石者、質堅而塊大、或拉美勒質之鉀灰、名得迫礫石者、色黑而紋細、康州之山崗上所產者鮮甚、崗之南、近脚之處、產大灰石、與鉀灰多蘊土內、其厚薄層塥、莫從究驗、崗之尖頂、產石鬆脆、層分甚易、久爲風雨漂洒、化爲堅泥、色黃而膩、肥于草卉、難以加鋤也、當雨水之候、崗上螞蝗蝟集、恒宜加意、以防集吮、其餘各

崗、適阻雨未前、康州端之下十三迷盧汙野之中、崇崗相連、由東迤西、臨江而立、圓凸緊接、其高相等、大率高于江面二三十法尺、其互相接絡之脈、高僅及半、江流到此、分爲兩支、勢不甚急、周于洲外、上有市邑、地方官駐焉、康格洲距崇山約七八百尺之遙、布五峰、其四峰直連一線、一峯偏北、近于市邑、探路時在江干島上、遊歷數遍、常見有梨石與黑中微紅之璞、非石也、石硬爲合質色或白或黑間有紅點

康格洲近于市邑之峰、石廣而稜圓、約逾四十法尺、皆璞非石、上爲大塊、璞非梨石合質、間有堪爲三夾之綠沙石、其石

層厚有數法尺、瀑流中立、有此質、惟爲流水所淘、其外面之質與色俱變也、峰脚流中、有配三夾之塡土、內藴佳石之塊、與新出之脆石者、其礦脈白而狹者、疑是高嶺土、直穿璞非石而過、內微有礦鉄質雜之、凡產梨石精與梨石、皆白梨石與珊瑚紅之梨石、隔層相間、故其礦淺紋曲也、康格山之各石受風雨、能成銀光、而璞非石乃成灰色也、

排沙格會城、在湄江之右岸、屏山圍其西北、江流曲行、山阻之而返舊流、其兩岸大致相仿、惟沙石聚散爲不同耳、各山雖經搜驗、間或爲竹林刺樹所阻、未能造極也、城之西有寺

銅藍即中國所謂銅綠

曰瓦突、地廣土腴、土多棕色、于此高望本山距江面數百法尺之處、有褐色碧沙彌砂石、色極光潔、聚梨石之粒、質粘結甚固、分層環抱山面、厚薄不等、營建多用之、風雨不能晦其色也、東北一山、高出平地約六七百法尺、其土與瓦突同、究驗時、甫行半山而瀑至、不能循石而求也、然所見之石、無異于前山、自排沙格至此、所搜求者均無大異、嗣後遵瀑逆上見大塊沙石、中湧銅藍、現于地面、按而求之、銅礦在焉、十一月初二至十二月初四日、搜驗介于湄江棠江內磬彬之地、自排沙格至棠江、上水一日抵薩拉凡、過棠江並阿拓普之山岡、下水行五日、抵阿拓普下三十迷盧之大拔、此時上崆江、漸向西過樹林之地、初四日、抵拔克堆在湄江之小支、與排沙格相對之處也、在排沙格時所見產質、並探訪江左一帶、多產鐵、鉛、錫、金、銀、鉀等礦、假令是處土人不懷猜忌、則所驗搜地學礦學、宜大有益、而耿東岩人謂金類多產於薩拉凡、薩拉凡人又謂在阿拓普、終莫能定、凡此類、必以親歷者爲是、間或土人相告、有可信之道者、姑誌之、以備覘驗、如在排沙格盡北之山寺、得銅錢二礦塊、謂係江右大山所產地之相去非遙、嗣當覆驗也、棠江右岸、故址甚多、率皆五稜石柱、間尙有立者、經水淹之處、漸就模稜、徑約三四法寸、自棠江口至小燒老一帶、並無奇異、岸坡高約十三法尺、皆黃土淤泥相雜、坡之高處、偶有紅土分鉀質甚多、河流中有碧沙彌小石、火山石碎、細者如沙、中流磊石、水退時舟行甚險、山之大支、礦產諸金、並灰石、鉄礦、銀礦、銀礦爲麻好驗及餘皆新得也自小燒老陸行回棠河、復尋驗數礦、產于同南島嶼頂之下、近岸右者爲火山、產鉄屑極盛、有黑玉石穿土而出也、島中小凸叢連、火山碎塊、時見土中、或數凸圍連如環、其間汙土、甚爲宜木、其地質直至山下皆同、棠河之瀑、廣盡河面、垂懸直下、高約十四五法尺、勢冲河流、當初下六七法尺處、注于火山流質所凝之盤石上、激而復下、始入河流、右岸之上離岸稍低、有火山石塊、長約二十法尺、闊數法尺、畧同于阿德士火山之石、河邊五角石柱、互相緊連、稜角完整、游探到此時柱出水者七法寸有半、火山石塊上、有火山鎔質瀉凝成塊、約六法尺、周圍、其質不及火山石塊之堅密、易于加鑿、緣其迸發之時、不與火山石塊同一火穴、係由他處迸流瀉凝石上、初形如圓角、直歷成團、故其塊面尚有圓紋也、更有一種火山迸發石質者、其堅密較甚于前、裂縫繁雜、厚薄不等、似細小粗石、立相鄉接、不易解塊也、其在河流瀑底侵水者、面皆黑亮、佈散甚廣、跟踪尋覓、至逾于瀑源數百法尺、則皆沒于土中、同南島中、亦有火山源質之渣滓、近爲泥土遮滿、無從究驗矣、

自棠河瀑源、上至克淖村、一帶河流平坦、惟迫山之盡處、湍流較急、江泥較多也、介于帥廟與克淖、近于克淖村處、有瀑流、勢尚平、碧沙彌粗石、雁齒橫列、盡河之廣、河水源末相較、高約十法尺、流水傾河而下、漫雁齒瀉過、雁齒上下之水、高低殊甚、自克淖至薩拉、凡棠江曲環如弓、此行直超弦徑、途

中偶見火山遺質略同于小燒老或火山鎔質之渣、或火山震裂所留之壑、爲火山鎔質凝成如盌、雨水恒居之薩拉凡城爲薩拉凡部之會城、在棠河之西、或謂此處之山、富産金類、而銻爲尤盛、土人用爲葯餌、或以飾銅鐵也、

後二日、離薩拉凡、行火山殘蹟之中、初尚未覺、又一日至一崗、介于棠河崆河者始知之、即斜坡之下得火山舊石、山泉之瀉于棠河者、中有火山凝質、高十二法尺至十五法尺、凝質厚約八法尺、似一氣凝成者、底襯小石厚五法寸至一法尺、梨石層分、與排沙格等、其受熱氣蒸迫、龜裂斜方整式、形

如地板、梁山之地、至崆河之邊、一帶火山、遺質殆遍、崆河之流、至昆岡至大拔、小石與梨石沙最多、或聚會成堆、水不能淹、近地苗人、每于水淺處淘沙揀金、近復漸知藏金有一定之沙石、因而擇處淘揀、水殺氣燥之令、日未嘗或間也、其器有一木盆、口斜長而底極淺、所用以揀金者祗此一具、凡檢得之金、盛以竹筒、或鵝管、持售于市、按此業得利甚微、設暹羅官長責其輸稅、必無有爲之者、土人謂揀金祗就河沙、無求于山土者、此說未可盡信、要當較土與沙所出之盛衰耳、然土人深妨多慮、搜求山上名質、皆秘不可得、

大拔之下約數迷盧產鉛在斯登呑時已見其礦塊擬抵大拔時自易尋覓然土人皆深秘不淺致起行二日始探知前經迫近礦所也

自大拔至拔克堆湄江口之上火山遺質遍佈河流瀑流之中亦有惟康福阿之流偶有璞非小石亦火山遺踪之內也江口有小泉曰克那譯曰鹽河土人於近泉處鑿淺井汲水煎鹽

總計一帶火山自介于湄江與崆江磬形內起至棠江邊汙原之地上所產金類多而旺惟限于檢驗緣所遇土人非秘

卽悍也、山岩卓立于火山凝質者、類碧沙彌石、當抵大拔時、迫山所驗也、地之近湄江與排沙格對面者、石形如盃、絕類排沙格山石、其形式疊致無一不肖、至此土人禁爲引路、緣樹木緊連、愛護麋鹿也、

沿排沙格江上流、抵拔克滿、一路皆灰色沙石、質粗而結、間雜黃白二色青金石之質、其在山上者、則南掌一帶皆有之、在江流中者、則或爲大水所僅沒之螺嶼石礁、當拔克滿格馬拉間、江中沙石如壁、束流成峽、故其江面廣僅五十法尺也、棠河之上、江岸之左、浮石叢中有古遺石精殘塊等類、

拔克滿一帶之湄江中、舟行甚險、滿江自西穿烏捲來滙、其流將近會流之處、亂石雜磊阻滿如瀑、如是者十有餘處、計程只二十迷盧也、介于拔克滿與畢滿者石有二種、一爲江中梨質之石、色佳質堅、一爲地面列處恒有者、大小不等、角鈍質含梨石而粗、間雜靑金石質、卽爲碧沙彌粘三夾値而成、當第一湍左岸上之石、質嫩易琢、挺生亂石中、不連土礦也、其亂石受水冲窪成無數小澗、底皆小石、土人檢其色佳者、珍如寶玩、皆他處漂來之質、故自此抵烏捧求見有同者、江之岸廣野平坦、高出諸流、越平野卽抵畢滿、土人云、向西遠坦、直至滿江、東則以崇嶇爲界、湍泉所由出也、崇嶇支分有迤抵排沙格各山者、有趨北與江右岸平行者、排連林立、水流如瀾物質爲水漂者聚焉、嶇之下、平原汙坦、雨水時淹、溪流窪注成渠、勢甚平整、觀者疑爲人工時濬、其土黃中雜白泥如脈絲、沙蓋其上、厚約三法尺、烏捧之江坡卽在其下、古遺鉄泥常見土中、辨之甚悉、似非久藏土內者、緣此處均係新土、與安南汙原相似也、

烏捧鹽商極盛、皆販售柬埔寨醃魚之田魚則漁自盎高爾湖、鹽則產于烏捧江右岸之地面、自烏捧由安那抵格馬拉、

經過之地、內有八千法尺、均鹽地、土人云、鹽地之盛、自東至西爲最、平野之介于烏捧格馬拉者、地面產質不一、有鉄泥含鉄頗富、足供本處之鍊用、提煉者有數處、大率皆在安那、或距安那東東北四千尺之地、過處亦有淺礦產質有二、一爲屑鉄、等于邊和而含鉄較多、一爲結鉄、色較紅、結塊大如胡桃、或有稍小者、均易于研末、其礦雖淺、然無露佈于地面也、

格馬拉土紋波縐如水、上皆紫紅雜石、質嫩而微堅、層片厚薄不等、皆黃土覆其面、惟泉渠冲流之處、始露見也、石質土

地面江干皆同爲該處有用之石、當石安那道中距格馬拉四五千法尺之處、見其石與鉄泥交界之跡、特拉巴爾脱所帶拔克滿格馬拉一帶江岸之石、與格馬拉所產者無異、惟光亮稍遜、而結質較嫩、色皆綠、質甚悅目、格馬拉西南十二千法尺班告江之上、近那苔村之處、靑礞石土之中、產鐵、尙未採煉、漸爲泉流浸淹、其泉約七八百法尺、距于格馬拉往安那之道、凡行李往來、舟載爲便、故自格馬拉仍復買舟抵郎潑拉彭、艱險殊甚、行二日始脫險、蓋江流浩蕩、水性不常、或漫江薄流、或冲溝急湍、復以瀑泉擾亂、

混淆無度、當東港之處、更形險阻也、梨石結質、間有紅磚石、
均爲該地盛產、
旁設格南四千法尺、峒峯叢起、迤向南西南、其最高者、不逾
三百五十法尺于江面也、紅石滿其上、峒峯之脊、皆梨石聚
白梨小石塊而成者、其碎塊大小不一、悉爲三夾埴所粘、與
滿江湍中之石等、峒之脚地低土濕、産混鉄、連湄江邊各汙
原皆有似含鉄未富、無有採煉、故此處鉄値甚昂也、
在旁設格時、村叟惠以泉流中所拾之二螺殼、流在旁設格
之東、郎奴村道中、忘其名、流中殼類甚多、形式各殊、此二壳

者、亦博物院中所未有之式者也、當此探聞、限于時日、而未克親驗、甚爲追悔、且所惠之時、又在起行之後也、其地則兩岸皆黃土腴泥、上有紅石灰石、又据村叟云、旁設格之西人屬地界內有銀礦、此說疑甚、叩其寔在、自亦莫辨、因土人禁與西人親近、故未能邀驗、然是處果有銀礦、則暹羅官長必自行試採、設立礦廠也、

抵拉扛望右岸、距村落西北千八九百法尺、一帶叢山、尖峰無數、甚爲明秀、其西北至東南之峰、相隔千餘法尺、峰自腰至頂、屴崱崖懸、樹木甚少、登臨甚艱也、灰石色綜而微明、間

有通明者、蘊于地內、山原前後所均有、山脚數千法尺之外、灰石平鋪、腴土薄掩、間有黑梨石爲腴土所結成者、南河村落之邊、石洞高廣幽致、長逾三百法尺、貫于胡磴山北叢山之中、惟不逾山界也、洞中黃色石居多、無異于山上之灰石、至白石黑白、間亦有之、尙有一種黑石、質嫩白紋如絲、採取最易、用亦甚廣、叢山之腰、受水沖窪、成無數小洞、廣狹不等、皆經閱歷、並無所得、惟于一小洞之口、得通明灰石、並各等石結方圓數法尺之奇形、石乳上或懸挿洞中、或聳立崖面、又有色較白于他石者、有紅石質極堅脆、紋極細雜、淡白微綠者、由那滿抵興邦江拔克桿江一路攜帶之紅石行囊振動、稜角模糊、莫辨其質、大概會小石及梨石而成也、又有色稍淡而較亮者、別成一種聚質之石、紅石之外、尚有黃石、紋稍細、產亦旺、大約在于拉扛胡磴二城之間、

興邦江之支流、距江四五迷盧之處、石層曲隨山勢而截流、石壁厚約四五法尺者、有五處、水僅從石缺中過也、其石或如精、或微黃、或黑黃不等、各石之左近、尚有微黃之植土石、

拔克桿江口之下、常遇灰質之大石、其質等于在山者、間有數處爲微綠之色、在胡磴城曾搜鉛礦于拉扛城之西北、路

徑平坦、上興邦江至秦攷起岸、望南河那滿那杭那熙各處而行、驗礦卽在距那熙三千法尺之處也、拉扛灰質石山之對向、卽安南之界也、產銅甚富、多取以鑄釜鐘、販售甚廣、其礦廠無從探訪、故未曾親及也、囊開之下、近哈康小邑江流之中、粗沙一帶、雜以溪石、內含金沙、土人淘澆者、按此處之金沙、不及阿拓普之富、又有金絲微細。爲顯微鏡所僅見。非淘洗所能出者。宜用水銀拌而攪之。所有金質結于水銀之中。沙則依然分判。嗣以細呢裹水銀絞之。水銀之淨者穿呢流出。其粘合金質者剩于包中。

形如微沙帶紫粽之色。卽可以煆金也。
江岸介于薩尼布犂與囊間之間者、村落數處、距城會數千法尺、居民以陶磁爲業、製器工潔、土皆取諸江與平行之㵎上、質等于高嶺土而微帶鉄銹紅絲、距薩尼布犂之西西北八千法尺有村曰洪和、游覽曾到、見其製磁、大率村之婦女取土于㵎、運入村中、碎而晒乾、然後舂爲細末、篩去其粗者、入溪沙少許、盛以盆、洒以水、俟其浸透、淘攪久之、使其極勻、已勻之後、取置架中、大磨盤上、以製、倘未卽製、以濕布覆之、防其風乾也、其製之之法、與歐州畧同、歐州用鉄盆或銅盆爲之、茲乃易用木車盤、以原板橫置于上、中嵌以軸、童子轉之、製盆盂圓器于其上、板轉器成、晒乾、然後入窰、陶窰式圓、中通、上如捲穹、下堦層數級、層高約半尺許、爲置磁之用、爇薪于口、通火于筒、筒在上、口在下、向相對也、火由口入、循捲穹曲行、上筒而出、堦級之土器、受火熱烘成爲磁矣、然後加綠灰各磁油于其上、特圖二窰便覽、

第一圖

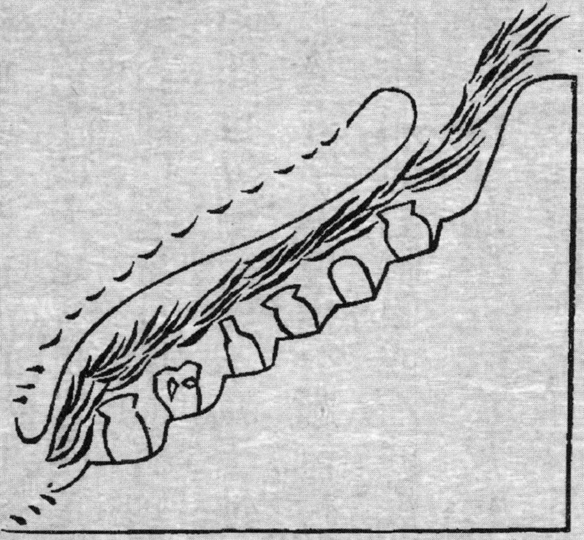

第二圖

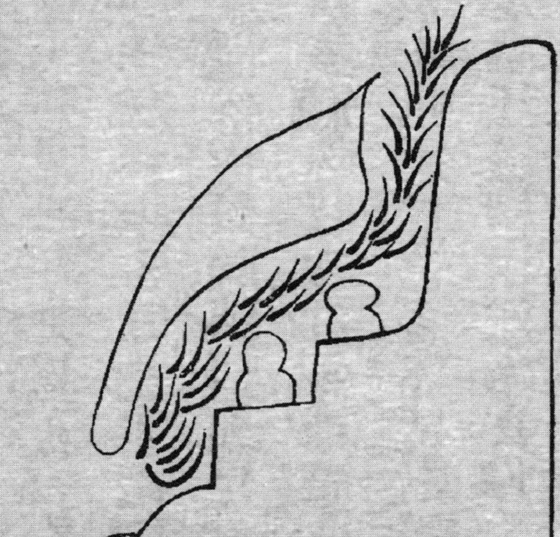

文湘城爲文湘都會之區、約五十年前爲暹人所蹂躪、今殘迹猶存、城大足容民居四萬餘、可想見當年之盛、王宮全用磚石建造、遺址甚廣、尚有殘砌半灰、頹垣古瓦、見于階除欄角間也、近漸富庶、不減于他城、惟俗皆崇神、謂造寺足以懺過、故寺宇遍境內、有雕飾極華者、神像皆以紅銅或黃銅所鑄、非如他處神像、或石或泥或木也、神像之多、不能數計、高自一法寸起至五六法尺止、是處江邊榕樹雜木、夾岸叢生、落葉糞穢、積坡壅流、有碍舟楫、而土人不計、惟知崇奉神佛、竭誠供獻、至詢其神像鑄自何時何地、非答以天神蓋寺之時所並鑄者、即推以不知也、想左近當有銅礦、非在拉扛山之東近安南之處、即係江右岸近普救之礦、近復開採者、鑄像之銅、質無純淨者、間或雜以他質、想必銻金之類、故其銅脆而色古、其鑄之之法、有以土爲內範、蓋一層厚蠟于其上、塑成神像、再敷以厚土于蠟上、爲外範、俟乾開孔于底、鎔銅灌入、蠟鎔流出、銅涌其中、

文湘之下、約數迷盧之江干、有二嶼、相距不遠、皆粗質梨石、連接岸坡、北向石層漸高、受風雨而色變、質堅而脆、當石嶼界土之處、勢極崢嶸、或高四五十法尺、或直起、或東迤、或南

斜、形如輪往、支開也、自文湘至郎潑拉彭十五迷盧之內、地勢向背無定、會計五十法尺方圍之內、更二三十向坡脚不同、其土汙滑非常、石稜露見、兩層石塌中微有礦脈、

伯拉期士棠有云、凡近煤礦之處、其石爲流冲現受風雨漂洗者、其色光黑、如磨擦者然、故于洋子江岸、見有此石、定其必有煤礦也、此說似爲可信、前日所歷坡脚之處、撿有此石、兹復于高賽村寺中、得見硬煤數塊、欲究礦之所在、土人推以不知、想必不遠于撿石之處也、

猛雷部產銅、鉛、錫、銕、銀沙、銅、磁石、等礦、其所開取、祇銅磁二

鹽石精卽中土之水晶

礦、鉛礦採取未盛臨江漁人私採以供飾鋼之用、銅礦之盛
者、于普救猛當之南並南掌安南等處見之東京一帶產礦、
于郎潑拉彭見之、
一千八百六十七年五月二十五日、齊集諸石、以供化學之
用、苦于取携有碍行裝、故祇擇其小塊而已、卽於是日離郎
潑拉彭向北而行也、
郎潑拉彭之對向、距江岸千二百法尺間之山崗、上有西士
脫石、梨石、內塩石精、極通明、前此土人多取而爲釵飾、近亦
不甚貴重、

五月三十一日晨五點半、遵南嚢之流向西南轉南、越小叢山、向大江之南南行、僅二點鐘、離大江又向西南、過第一重叢山之隔于旦江者再逾第二重叢山、下抵猛需城、其山水景物清幽、冠絕諸城、統計行八點鐘、大率皆循西南、越小叢山者三、其地高于江面約千法尺有餘、一帶路中、皆紅泥粗石之山、蓋以黃土而已、惟樹林頗盛松木森偉、惜爲近山土人開墾、間被焚棄甚多、且松木脂厚、著火則絕無留跡、雖山脊高處、亦去其半、溪流之石、等于江干、皆西士脫石、或通明之石、或粗石、或梨石不一、灰石則惟大江之口、有露見于地

面也、

六月初一日、往覘火山、土人呼爲肥山、行二點鐘、抵火洞口、大失所望、皆輕信南掌土人之虛語、其非秘而不宣、卽言過其寔、皆無足證據也、其火口有二、一大一小、相距約四五千法尺、皆在黃土崗中、其大者口長七八百法尺、寬約三百法尺、火焰漸向南行、近已改移數千法尺之遠、其一帶移過之口、火焰皆熄、震縫漸合、草木復舊、地爲火焰所及者、樹木皆枯、土之黃者皆轉白、下裂無數小穴、入地深不逾十法尺、互相緊接、烟氣中騰、如空谷氤氳者、然火口之邊、有小澗各穴、騰氣如湯、聚凝澗中、爲礦水鉀水、或爲礦精、設置木片于澗中、其燼甚速、凡此驗閱、隊氣最重、不宜久住也、穴邊物質土人採之、礦爲最多、尚有一種白灰、疑卽鉛鹽也、近處之地浸熱而虛、足音震響、如在空山、貼地傾聽、覺地中生響來自甚遠、偶有微風、其響更甚、火焰風送、有煤爐之味、聞數千法尺、離火口二千法尺之處、卽可顯聽其聲、聞其臭也、火口之小者、在山之西南、勢亘東北、

遊火山之後、買舟自大農抵克綫坤、距程頗遠、一路並無大石、惟有梨石礦綫、互相交錯、其厚不逾一寸、沿江而上、灰石

亦罕見、約自郎潑拉彭抵南湖、江岸山峯之上、西士脫石錯突、自此而上、漸就平削、隱入土中、故其峰頂亦漸圓秀也、克線坤之脚、與江波背向、有火山鎔質凝成之小山、徑約五六十法尺、高約十一法尺、光黑無紋、不類鎔瀉者

克線坤之上數迷盧、江中有火山鎔質所凝之地、雜色西士脫石、盖其上江干形勢、流之曲者、爲大沙石所間隔、流之狹者、爲崗陵絡連所收束、再上二十迷盧之處、地極膏腴、景物幽致、卽前此克線窪之地、而其境址于今不同也、克線窪平原上溯二十五迷盧、沙石漸少、江流之中、皆大梨石、並粗黑

光石條、
由猛陵步頭遵流行百法尺之遠、其右岸之上、有綠石礦線、並沙孔甚多、由東迤西、直貫沙石厚約三寸七八分、此爲遊歷中之僅見也、舟程艱險日甚一日、自猛陵步頭上岸、驗陸地第一站離步頭約十七八千法尺之處、與江流隔一崗、崗高五六百法尺、有西土脫石、並灰石沙等類、江脚流中見有碧沙彌之粗石、間雜白亮石、產極旺、質不甚堅、腴土蓋其上、
自猛陵循山崗之間、畧遵江流之向而行、所經各城邑、最著者爲巴樓新掠潑二城、抵新掠潑、仍復登舟至朔榮、計共四

十千法尺、介于新掠潑朔榮之間、近于新掠潑十千法尺、之處、有溫泉一股、流瀉入江、其熱約六十八度、含磺質甚厚、距岸約三百法尺、發源在近山叢石之處、

自朔榮旋往巴刪猛榮、此二城連隔腴原、原之近于猛榮者、有村曰保村、多出溫泉、脉小而源多、計一百五十法尺至二百法尺、方面之內、出源無數、熱度隨穴而異、自七十四度至八十二度不等、土人浴溫泉能去疥癬、爽筋骨、盖泉含磺質故也、

九月初八日、離猛榮陸行、過緬甸接雲南、至思茅、復旋猛榮

猛龍克線亢至朔榮下湄江、一路地質無甚新異、山之高低不等、山旁腴地有梨沙石、層塌不甚厚、上蓋西土脫石、層塌厚薄不等、最易散碎、風雨漂洒、即化腴土、色或黃或紅、而最滑、遇雨則難于着足、其間有通明梨石、或沙綫梨石、或雜石緊粘、成爲石坡者、又見猛榮猛龍之間、南雷江之岸、有灰石精結不等、所產甚旺、質等于郎潑拉彭一帶所產者、又有花石、或黑色白紋、或微黃、或白色黑點不等、自猛龍赴克線杭所經過之各村落山寺中、見有黑礴石、土人取以刻碑、或以建寺、或以造墳、方積頗廣、所見者皆已琢成方塊、長一法尺有半、闊五法寸有半、厚自五法分至八法分、雖未悉採礦之所、然溪流山邊時多露見者、想其採取必易、其色灰黑、深淺皆有之、在猛榮之日、其酋長贈以石類數種、並礦土數件、皆其界內所產也、各礦之中、鉄爲最富、其類有三、一爲常鉄、一爲鉀鉄、一爲鉄屑成塊者、末二類質硬而用廣、銅礦之產有如常銅者、有爲銀沙銅者、銻礦、錫礦、鉛礦亦有、金則淘于溪瀑流中、所有各礦、皆足供本處之採用、惟銀則資于阿瓦、尙有紅寶石、亦甚罕、其餘諸石、皆產多而値賤也、

自猛陵至克線杭、經過之處、有高原約千二三百法尺、高於

海面者爲克線東中有克線東城其酋長所駐也、在克線東各山峰上遠望海面見小山尖頂、星列整佈、直至天平線爲止克線東一帶地質畧同地中有紅泥石、西士脫石、通明灰石等等至山之高起者、灰石貫于紅泥石之中、尖凸不等、土人多取灰石、或花石色微灰者、爲常有、間有微綠之膩石、着手甚膩、土人取以書石板、斯地礦質溫泉多而且旺、除土人藉以浴身醫疾之外、尚有取礦者、其法以竹筒引泉遠流、泉冷礦凝于筒邊、鉄礦處處採取、然皆衹供農具之用、中有山居苗民、外於禮化、乍見驚人、然效法頗善、仿製英

同治六年

孟陽卽孟賓

人所售亞非利亞內並遠印度等處之火石洋鎗、以鉄圓條鑽孔爲之、口徑甚小、鑲配各件、均係打鐵、環用紅銅、鎗床用木、均係單管、其製頗工、染以土丹、每付值銀十佛郎、一千八百六十七年十月初七日、越湄江至克線植入思茅爲到中華第一城邑也、左岸之地、較崎嶇于右岸、峰多而雜、深闊流泉、間隔各峰、泉由西土脫石瀉過、漂其汙泥以壅江口之地、游探所經之路、艱險異常、坦途絕少、計山間平原、惟未抵思茅之前、如猛陽克線裊猛盤等處有之、然亦不甚廣大也、道中山上、處處有灰石、末及近騐、大率色皆微藍、質則或結堅、或如精不等、江與湄江間、皆西士脫石、色灰烏者質堅、流水不易窪穿、其餘或烏或黃或紫者、受風雨皆易變色也、一路途石、均無平整、遇雨則泥蓋其上、滑如履冰、絕難舉步、游探到此、曾阻雨悶居四個月也、所產之沙石有二、其一色黃質粘而鬆、其一色微紅、質細而脆、砌造寺觀、均為美觀、曾見有長五六法尺石柱、上刻獸形、以供中國人墓前柱表之用者、到處多有之、

思茅左近惟紅泥石灰二種為多、地中絕無古遺殘質、惟于灰石間得破殼殘塊、形狀奇古、

思茅提煉金類之藝、惟有製鍋者、其煉未純、其製未精、然供居民之用、無須再善、其所用之銅、非境內所有、或自青龍山、或自他處不定、大率皆于雲南各廠中、就其兵燹平謐者採之、

思茅近于桑拓者、山勢漸高、袤亙東西、游探頗盡、西士脫石至此漸罕、紅泥石最多、灰石亦盛、所經之地近于昔經他郎之處、故其所得較詳、

離思茅之次日、見地之介于那庫里浩本間者、鉀質、堅煤質、等礦甚旺、其礦塥盡皆直紋、因地震使然也、距此六千法尺、

即浩本之鹽地、所有礦產、詳于礦廠說內、過鹽地有城曰普洱、城邑整固、周圍皆環山腴地、山上皆灰石肥土、多植菜蔬、未到桑括之前、先經二處腴原、氣候煦和、地高約一千四百法尺、一路並無關要紀聞、祗有金礦在他郎北三千法尺、礦在山髻灰石內、

普洱地學與前畧同、石皆灰石、紅泥石、西士脫石等、其地山高氣寒、澗多泉深、道途崎嶇、氣候變易、自莫浪抵元江、計時僅六點鐘、地之高低、僅一千法尺、一則樹草未華、時尚寒涼、一則芭蕉棗樹、結菓正熟時也、

在元江三日、閱靑龍之銅山、剛抗之鐵礦、銅山距元江二千五百法尺、鉄礦近于甘莊、壩礦產皆富、惟由陸站運行、脚費重而價値昂也、

元江城在桑括步頭平原之中、昔爲湖心之處、因山雨汙流、壅爲平原、故于桑括流邊、可驗其遞層壅土紋堨、循元江而下、江流介于石壁間者、卽爲古昔湖堤處也、所產之石、爲灰石、其色烏、爲白花石、其質美、爲雜色花石、其質艷、自元江至東京一帶石之遙連不斷者、皆美質也、

由莫浪下至桑括步頭、路險而長、由對岸越行、險亦不減、惟

所經之處、形勢新異、足慰勞頓、其外向之山、坡迤漸平、在江回視、勢甚拖坦、場圃湖塘、環繞村落、居民勤厚、有城曰臨安、負郭之崗、盛產煤礦、城東五站爲蒙自、產鉛礦、採煎之盛、冠于中華、臨安之城、亦如元江、爲昔湖心之處、堤岸則被居民開鑿殆盡矣、離臨安過石屏湖、湖徑千五百法尺、北界內山產灰石、南界崗崗、有西土脫質、黑紫各色石、抵石屏城、城內有寺、寺內湧鉀質之泉、

由石屏取徑趨雲南、所經程途、較前平穩、自離湄江而來、所未有也、山崗無甚崢嶸、道途盡皆平坦、所產之石、以灰石包

烏質堅者爲盛、山之巔、與泉之瀉于通海江州澂江雲南各湖者、中亦皆有之、至于紅泥石、西土脱石、則祗山牛土內有之、通海江州澂江雲南各湖、皆較高廣于石屏澂江雲南二湖緊近、其湖面最廣處、均約五六萬法尺、江州澂江二湖、特開一港相連、港長一千七百法尺、穿崗而過、崗有梨沙等石、故二湖受水不愁過溢、溢則湖邊石罅瀉也、周湖田地、盡皆膏腴、居民藉爲恒產者甚夥、計雲南一湖、華民環聚者適數百萬、其地前爲湖水淹沒過半、嗣濬河通洋子江、其地始廣而腴、在雲南時、遇法國教士告以雲南各礦、並四川渠所遊及者、均登于礦廠說中各礦之中。惟煤爲甚。自麗江西藏起、至南溪近洋子江口止、計程約八九百法里。隨處時有之。自雲南至洋子江、地勢等于桑括、道途艱險、澗泉深凹、遊探到此、時値殘冬、寒風刮雪、殊形勞瘁也、雲南東川叙州等處礦產除三種山石之外無有也、一爲灰石、或堅或精、一爲灰色西士脫石、間雜或紅或黃之紅泥石、一爲鉀鉄石、產于紅泥石西士脫石間、等于排沙格之鉀銅、其地當高原之上、則絕無水源、惟資天雨也、

自正月至四月、集所見聞、著爲紀畧、其西方一帶與多海德

所見畧全叙州起行之後、直抵上海除購辦糗糧之外、未嘗
離舟、見聞自少、卽巴拉基士棠稍伯梨所紀、亦祇得大畧也、
舟行自屛山縣、辦驗洋子江岸土色層塌、見英國人参酌巴
拉基士棠所著之地學、未甚全備、
自屛山至叙州江岸一帶、皆紅泥石色淺、灰質頗細、近叙州
者則皆紫色、巴拉基士棠謂見有採泥煤於鹿渡谷中者、取
法由山腰開硐下取、遇水則以筐簣之類、繫以竹纜下汲、按
其地、崇山上有懸瀑、曰伯坦壩、高逾五百英尺、
自叙州府遵流行六迷盧、爲巴加所產淨煤質美、雲南以上

案富州明沿元制設土知州一員屬雲南廣南府今仍爲土州

所不及礦之左近有盤石色紫亮是處洋子江對岸羣崗排列有村曰路南司曰白沙渡皆產煤灰石瀘州崇慶等處淘金者甚多帮伯梨所紀之外尙有高源井井之源發自高山其井水常洪起井上以溉田園銅礦硃砂礦等故謂其紀有未備巴拉基士棠謂有灰沙等石

自富州抵萬州江流皆介于粗質紅泥石灰石間其石搨至東慶皆東北西南之勢至富州則西北地豨東北三十度巴江底之沙中有鐵屑銅質其色亮或黃或白者含有金質也其質雖微居民亦有淘洗者其法以竹籃一下立一脚便干

搖簸、掬河中粗沙于籃中、流水簸之、俟其土淨沙剩、金質略見、撿置淺底木斜盆中、再行淘淨、計一籃必五人共事、司捧沙者二人、司澆水者一人、司搖簸者一人、司撿金者一人也、自萬州抵歸州、祇記數處塩井並煤礦、四川之邊湖北之西、江所過者約八十迷盧、灰石、西士脫石、花剛石、紅泥石等、皆有煤墕頗多、取未合法、致無大塊、且皆舂粉和泥、拌成磚塊、故其火力愈輕也、前人紀述之掛漏、寔足駭異者、如斯處江干、火山遺跡甚多、有火山鎔質凝成如柱、高約二十六七法尺、卓立流中、其火口卽在其右、均無或紀也、

彝昌今宜昌府屬湖北

歸州下數迷盧、有城曰廣渡、高下有灰石、層塌殘毀、無從辨驗、是處產礦極富、如金銀鉛等礦皆有之、紅泥石中產堅煤、距城二迷盧所產沙石、色或灰或紫、有谷曰彌渡、斜向西北、削壁高約九百英尺、循幫伯梨所行舊徑、向山達坪、江之兩岸皆花剛石、其質或粗或嫩不等、距廣渡高約十五迷盧、近彝昌之處、江流緊束、急湍雷喧、江中多花剛石、岸上皆灰石、其層塌由北迤東、偏東南八度、岸上直削、高皆八九英尺、幫伯梨謂此處產煤礦寶石等、巴拉基士棠則謂江心多石、岸地則上腴沙多、近楊西城產灰石、江之東、西江對面、石塌之

景德鎮在江西饒州府鄱陽縣設同知一員俗亦名景鎮此金鎮當作景鎮

下、有黑斑灰石云、楊子江當彝昌處兩岸、山勢連亘、至楊西城兩岸、盡粗雜石壁、彝昌之石有沙石雜灰、石質而能透水者、由漢口至武昌皆同、惟雜質之多寡各異耳、鄱陽湖之邊、皆灰石圍繞、及石之上、盡皆粗石、湖之東爲金鎮、或名金德鎮、其地多山、山產花剛石、並高嶺土、製磁甚良、過此將近南京、見有採灰石煤炭者、江之左岸、盡微黃粗石、自西西南迤向東、兼東南四十度、過南京直抵上海、

附全五册目録